한 권으로 끝내는 문장 패턴

초등영어

한 권으로 끝내는 초등영어 **문장 패턴**

지은이 정효준
펴낸이 정규도
펴낸곳 Happy House

초판 1쇄 발행 2023년 5월 30일
초판 2쇄 발행 2024년 9월 3일

총괄책임 허윤영
책임편집 김은혜
본문 디자인·전산편집 지완
표지 디자인 하태호
이미지 Shutterstock

다락원 경기도 파주시 문발로 211
내용문의 (02) 736-2031 내선 522
구입문의 (02) 736-2031 내선 250~251
Fax (02) 732-2037

출판등록 1977년 9월 16일 제406-2008-000007호

ISBN 978-89-277-0174-3 63740

---

www.ihappyhouse.co.kr   * Happy House는 다락원의 임프린트입니다.
www.darakwon.co.kr

초등 영어 교과서 핵심 표현 총정리!

한 권으로 끝내는 초등영어 문장 패턴

Patterns &
Expressions

정효준 지음

Happy House

영어 말하기에 자신감이 생겨요!

영어 말하기를 잘하기 위해서는 어떻게 해야 할까요? 단어 암기? 문법 학습? 물론 단어와 문법을 잘 알고 있으면 좋습니다. 하지만 여러분이 영어로 대화하는 장면을 떠올려 보세요. 영어 단어를 한 개씩 띄엄띄엄 말하며 대화하나요? 말하는 모든 순간마다 문법 규칙을 떠올리려고 노력하나요? 그렇게 하고 있다면 영어로 말하는 게 즐겁지도 않고 어렵게만 느껴질 거예요. 이제 즐거운 영어 말하기 비법을 알려 드릴게요. 그것은 바로 '영어 문장 패턴 익히기'입니다! 다양한 형태의 영어 문장 패턴을 이해하고, 또 이것을 반복적으로 연습해서 자연스럽게 쓸 수 있으면 즐겁고 자신 있게 영어로 말할 수 있게 됩니다.

그래서 이 책에는 '2022 개정 영어과 교육과정'과 초등 영어 검정 교과서를 꼼꼼하게 분석해서 초등학생이 꼭 알아야 하는 60개의 영어 문장 패턴을 담았습니다. 패턴 활용법이나 꼭 알아야 할 문법 사항에 대한 친절한 설명도 들어 있어요. 그래서 혼자서도 쉽게 공부할 수 있습니다. 하루에 한 패턴씩 60일 동안 꾸준히 이 책을 학습한다면 여러분의 영어 실력은 눈에 띄게 달라질 거예요.

이 책과 친한 친구가 되세요. 60일 학습을 마친 후에 책을 그냥 덮어두지 말고 곁에 두고 여러분이 공부했던 영어 문장 패턴을 틈틈이 살펴보세요. Rome was not built in a day.(로마는 하루 아침에 만들어지지 않았다.)라는 말처럼 세상에 어떤 일을 금방 잘할 수 있게 해주는 마법은 없습니다. 영어를 가장 잘할 수 있는 방법은 '반복' 학습뿐이라는 걸 잊지 마세요! 저는 여러분 모두가 영어에 자신감을 갖고 영어를 좋아하게 되길 소망합니다.

정효준

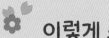

이렇게 쓰세요

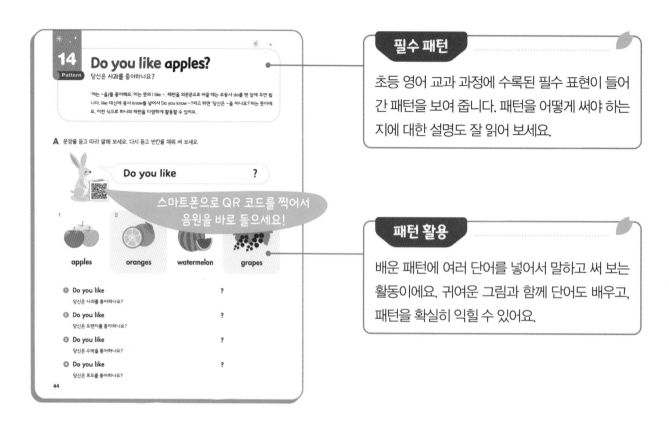

스마트폰으로 QR 코드를 찍어서 음원을 바로 들으세요!

필수 패턴

초등 영어 교과 과정에 수록된 필수 표현이 들어간 패턴을 보여 줍니다. 패턴을 어떻게 써야 하는지에 대한 설명도 잘 읽어 보세요.

패턴 활용

배운 패턴에 여러 단어를 넣어서 말하고 써 보는 활동이에요. 귀여운 그림과 함께 단어도 배우고, 패턴을 확실히 익힐 수 있어요.

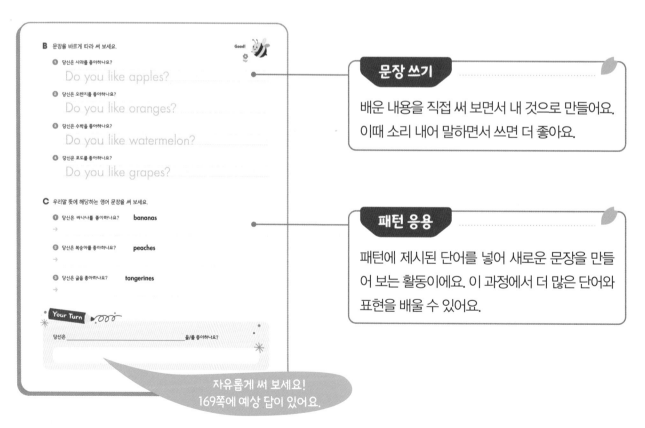

문장 쓰기

배운 내용을 직접 써 보면서 내 것으로 만들어요. 이때 소리 내어 말하면서 쓰면 더 좋아요.

패턴 응용

패턴에 제시된 단어를 넣어 새로운 문장을 만들어 보는 활동이에요. 이 과정에서 더 많은 단어와 표현을 배울 수 있어요.

자유롭게 써 보세요! 169쪽에 예상 답이 있어요.

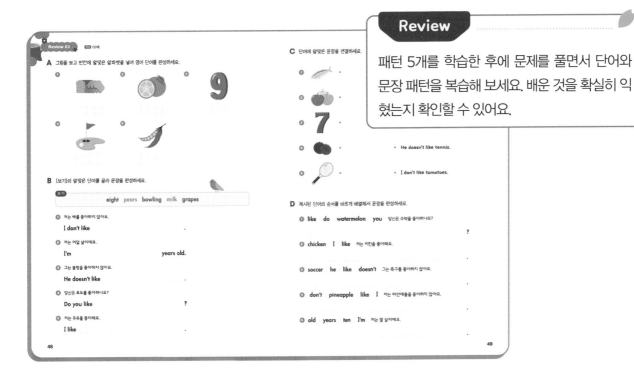

Review

패턴 5개를 학습한 후에 문제를 풀면서 단어와 문장 패턴을 복습해 보세요. 배운 것을 확실히 익혔는지 확인할 수 있어요.

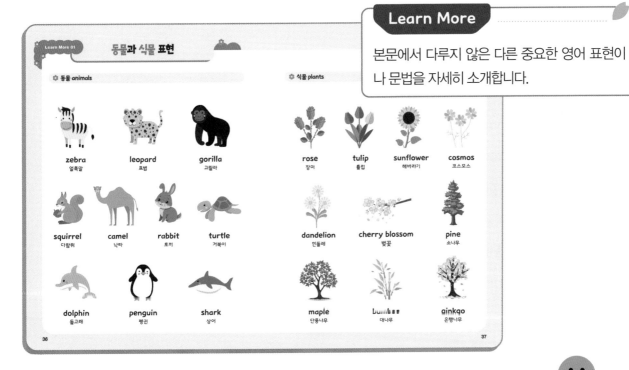

Learn More

본문에서 다루지 않은 다른 중요한 영어 표현이나 문법을 자세히 소개합니다.

Word Test

해피하우스와 다락원 홈페이지에서 자료를 다운받아 책에 나온 단어의 뜻을 제대로 알고 있는지 확인해 보세요.

차례

01

I'm happy.

저는 행복해요.

I'm은 I am의 준말이에요. I'm 뒤에 happy나 sad처럼 기분을 나타내는 단어를 넣으면 '저는 ~해요' 라는 뜻이 되고, Minsu처럼 이름을 넣으면 '저는 ~예요'라고 자기소개를 하는 말이 됩니다. 여기서는 I'm ~. 패턴을 활용해 기분이나 상태를 표현해 보겠습니다.

A 문장을 듣고 따라 말해 보세요. 다시 듣고 빈칸을 채워 써 보세요.

I'm _____ .

1 **happy**

2 **sad**

3 **okay**

4 **excited**

❶ I'm _____ .

저는 행복해요.

❷ I'm _____ .

저는 슬퍼요.

❸ I'm _____ .

저는 괜찮아요.

❹ I'm _____ .

저는 신이 나요.

B 문장을 바르게 따라 써 보세요.

Hello!

① 저는 행복해요.

I'm happy.

② 저는 슬퍼요.

I'm sad.

③ 저는 괜찮아요.

I'm okay.

④ 저는 신이 나요.

I'm excited.

C 우리말 뜻에 해당하는 영어 문장을 써 보세요.

① 저는 아주 좋아요.   **great**

→

② 저는 좋아요.   **good**

→

③ 저는 기뻐요.   **glad**

→

모든 Your Turn의 예상
답은 169쪽에 있어요!

저는 _____.

Are you hungry?

당신은 배고픈가요?

상대방의 현재 상태를 물을 때는 Are you ~? 패턴을 사용해요. Are you hungry?라는 질문에 배가 고프다면 Yes, I am.이라고 답하고, 배가 고프지 않다면 No, I'm not.이라고 답하세요. 자신을 얘기할 때는 I am, 상대방을 얘기할 때는 You are라고 해요.

A 문장을 듣고 따라 말해 보세요. 다시 듣고 빈칸을 채워 써 보세요.

Are you _____ **?**

1 	2 	3 	4 
hungry	**tired**	**bored**	**thirsty**

❶ Are you _____ **?**

당신은 배고픈가요?

❷ Are you _____ **?**

당신은 피곤한가요?

❸ Are you _____ **?**

당신은 지루한가요?

❹ Are you _____ **?**

당신은 목마른가요?

14

B 문장을 바르게 따라 써 보세요.

Good!

① 당신은 배고픈가요?

Are you hungry?

② 당신은 피곤한가요?

Are you tired?

③ 당신은 지루한가요?

Are you bored?

④ 당신은 목마른가요?

Are you thirsty?

C 우리말 뜻에 해당하는 영어 문장을 써 보세요.

① 당신은 졸린가요?   **sleepy**

→

② 당신은 바쁜가요?   **busy**

→

③ 당신은 걱정되나요?   **worried**

→

Your Turn

당신은 _____?

15

03
Pattern

He is my father.
그분은 저의 아버지예요.

자기와 관련된 사람을 소개할 때 He/She is my ~. 패턴을 사용해요. 남자를 소개할 땐 he(그), 여자를 소개할 땐 she(그녀)라고 하죠. 어떤 사람이 누구인지를 물어볼 땐 who를 써서 Who is this?(이 사람은 누구인가요?)라고 하면 돼요.

A 문장을 듣고 따라 말해 보세요. 다시 듣고 빈칸을 채워 써 보세요.

He is my _____.

1	2	3	4
father	 **mother**	 **grandfather**	 **grandmother**

❶ **He is my** _____.

그분은 저의 아버지예요.

❷ **She is my** _____.

그분은 저의 어머니예요.

❸ **He is my** _____.

그분은 저의 할아버지예요.

❹ **She is my** _____.

그분은 저의 할머니예요.

16

B 문장을 바르게 따라 써 보세요.

① 그분은 저의 아버지예요.

He is my father.

② 그분은 저의 어머니예요.

She is my mother.

③ 그분은 저의 할아버지예요.

He is my grandfather.

④ 그분은 저의 할머니예요.

She is my grandmother.

C 우리말 뜻에 해당하는 영어 문장을 써 보세요.

① 그분은 저의 삼촌이에요.   **uncle**

→

② 그분은 저의 이모예요.   **aunt**

→

③ 그는 저의 남자 조카예요.   **nephew**

→

그는/그녀는 저의 _____.

She is cute.

그녀는 귀여워요.

사람의 외모를 묘사할 때는 He/She is 뒤에 tall, handsome처럼 외모를 나타내는 표현을 넣어서 말합니다. 대화하고 있는 상대방에 대해 묘사하고 싶다면 You are ~. 패턴을 쓰고, 자기 외모에 대해 말하고 싶다면 I'm ~. 패턴을 써요.

A 문장을 듣고 따라 말해 보세요. 다시 듣고 빈칸을 채워 써 보세요.

She is _____ .

1	2	3	4
	180cm		
cute	**tall**	**pretty**	**handsome**

1 She is _____ .

그녀는 귀여워요.

2 He is _____ .

그는 키가 커요.

3 She is _____ .

그녀는 예뻐요.

4 He is _____ .

그는 잘생겼어요.

B 문장을 바르게 따라 써 보세요.

Good!

1 그녀는 귀여워요.

She is cute.

2 그는 키가 커요.

He is tall.

3 그녀는 예뻐요.

She is pretty.

4 그는 잘생겼어요.

He is handsome.

C 우리말 뜻에 해당하는 영어 문장을 써 보세요.

1 그녀는 아름다워요. **beautiful**

→ _____

2 그는 뚱뚱해요. **fat**

→ _____

3 그녀는 말랐어요. **thin**

→ _____

그는/그녀는 _____.

19

05
Pattern

They are kind.
그들은 친절해요.

자신(I)과 대화하는 상대방(you)을 제외한 둘 이상의 사람이나 동물들이 어떠한지를 나타낼 때는 They are ~. 패턴을 사용해요. 자신을 포함해서 말할 때는 We are ~. 패턴을 사용하고요. 가리키는 대상에 따라 주어와 동사가 달라지니 잘 기억해 둡시다.

A 문장을 듣고 따라 말해 보세요. 다시 듣고 빈칸을 채워 써 보세요.

They are _____ .

1	2	3	4

kind	humorous	smart	lazy

❶ **They are** _____ .

그들은 친절해요.

❷ **They are** _____ .

그들은 유머러스해요.

❸ **They are** _____ .

그들은 똑똑해요.

❹ **They are** _____ .

그들은 게을러요.

B 문장을 바르게 따라 써 보세요.

① 그들은 친절해요.

They are kind.

② 그들은 유머러스해요.

They are humorous.

③ 그들은 똑똑해요.

They are smart.

④ 그들은 게을러요.

They are lazy.

C 우리말 뜻에 해당하는 영어 문장을 써 보세요.

① 그들은 용감해요.　　**brave**

→

② 그들은 성실해요.　　**diligent**

→

③ 그들은 현명해요.　　**wise**

→

그들은 _____ .

A 그림을 보고 빈칸을 채워서 단어를 완성하세요.

① 180cm   ta　l

② sa

③ thi　sty

④ k　nd

⑤ gr　dmother

B [보기]에서 빈칸에 알맞은 단어를 골라 문장을 완성하세요.

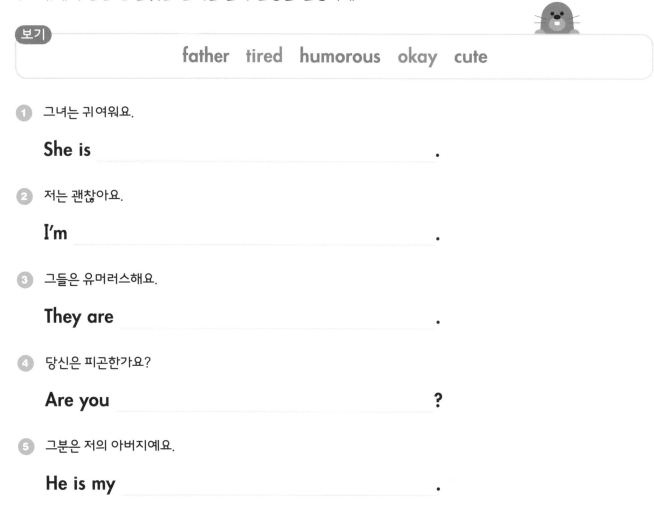

보기

father   tired   humorous   okay   cute

① 그녀는 귀여워요.

She is _____ .

② 저는 괜찮아요.

I'm _____ .

③ 그들은 유머러스해요.

They are _____ .

④ 당신은 피곤한가요?

Are you _____ ?

⑤ 그분은 저의 아버지예요.

He is my _____ .

22

C 그림을 보고 알맞은 문장에 연결하세요.

1 •   • They are lazy.

2 •   • He is my grandfather.

3 •   • I'm excited.

4 •   • She is pretty.

5 •   • Are you bored?

D 단어의 순서를 바르게 배열해서 문장을 완성하세요.

1 **handsome** / **is** / **he**   그는 잘생겼어요.

_____ .

2 **you** / **hungry** / **are**   당신은 배고픈가요?

_____ ?

3 **are** / **smart** / **they**   그들은 똑똑해요.

_____ .

4 **am** / **happy** / **I**   저는 행복해요.

_____ .

5 **is** / **she** / **mother** / **my**   그분은 저의 어머니예요.

_____ .

06 This is a tiger.

이것은 호랑이예요.

가까운 곳에 있는 것을 가리킬 때는 this라고 하고, 먼 곳에 있는 것을 가리킬 때는 that이라고 해요. That is는 '저것은 ~입니다.' 라는 말이에요. 무엇인지 물어볼 때는 What's this/that?이라고 하면 돼요. a 는 '하나의, 어떤'이라는 뜻이고 뒤에 나오는 단어가 모음으로 시작하면 an으로 바뀝니다.

A 문장을 듣고 따라 말해 보세요. 다시 듣고 빈칸을 채워 써 보세요.

This is _____.

1	2	3	4
	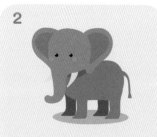		
a tiger	an elephant	a bear	a lion

1 This is _____.

이것은 호랑이예요.

2 This is _____.

이것은 코끼리예요.

3 This is _____.

이것은 곰이에요.

4 This is _____.

이것은 사자예요.

B 문장을 바르게 따라 써 보세요.

Good!

① 이것은 호랑이예요.

This is a tiger.

② 이것은 코끼리예요.

This is an elephant.

③ 이것은 곰이에요.

This is a bear.

④ 이것은 사자예요.

This is a lion.

C 우리말 뜻에 해당하는 영어 문장을 써 보세요.

① 이것은 원숭이예요.   **a monkey**

→ _____

② 이것은 캥거루예요.   **a kangaroo**

→ _____

③ 저것은 사슴이에요.   **a deer**

→ _____

Your Turn

이것은 _____.

25

07
Pattern

It's a ball.
그것은 공이에요.

물건을 가리킬 때는 It's ~. 패턴을 사용해요. It's는 It is의 준말입니다. 불특정한 물건을 가리킬 때는 a/an을 붙이기 때문에 위의 예문처럼 a ball이라고 하고, 대화를 하면서 특정 공을 가리키게 되면 the ball이라고 합니다.

A 문장을 듣고 따라 말해 보세요. 다시 듣고 빈칸을 채워 써 보세요.

It's _____ .

1	2	3	4

a ball	**a chair**	**an earring**	**a hat**

1 It's _____ .

그것은 공이에요.

2 It's _____ .

그것은 의자예요.

3 It's _____ .

그것은 귀걸이 한 짝이에요.

4 It's _____ .

그것은 모자예요.

B 문장을 바르게 따라 써 보세요.

Hello!

① 그것은 공이에요.

It's a ball.

② 그것은 의자예요.

It's a chair.

③ 그것은 귀걸이 한 짝이에요.

It's an earring.

④ 그것은 모자예요.

It's a hat.

C 우리말 뜻에 해당하는 영어 문장을 써 보세요.

① 그것은 베개예요.   **a pillow**

→ _____

② 그것은 거울이에요.   **a mirror**

→ _____

③ 그것은 책상이에요.   **a desk**

→ _____

 Your Turn

그것은 _____.

08
Pattern

Is it a snake?
그것은 뱀인가요?

Is it ~? 패턴은 '그것은 ~인가요?'라는 뜻입니다. It is ~ (그것은 ~입니다.) 패턴을 의문문으로 바꾼 것이죠. 그래서 누군가가 Is it ~?으로 여러분에게 질문을 한다면 It is ~. 패턴으로 답하면 됩니다.

A 문장을 듣고 따라 말해 보세요. 다시 듣고 빈칸을 채워 써 보세요.

Is it _____ ?

a snake
1

a pig
2

a cow
3

an eagle
4

❶ Is it _____ ?

그것은 뱀인가요?

❷ Is it _____ ?

그것은 돼지인가요?

❸ Is it _____ ?

그것은 소인가요?

❹ Is it _____ ?

그것은 독수리인가요?

B 문장을 바르게 따라 써 보세요.

Good!

1 그것은 뱀인가요?

Is it a snake?

2 그것은 돼지인가요?

Is it a pig?

3 그것은 소인가요?

Is it a cow?

4 그것은 독수리인가요?

Is it an eagle?

C 우리말 뜻에 해당하는 영어 문장을 써 보세요.

1 그것은 새인가요?　　　**a bird**

→ _____

2 그것은 여우인가요?　　　**a fox**

→ _____

3 그것은 늑대인가요?　　　**a wolf**

→ _____

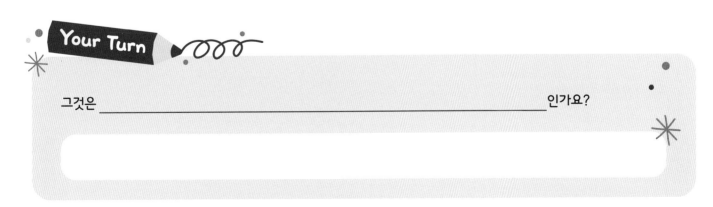

Your Turn

그것은 _____ 인가요?

Look at the duck.

오리를 보세요.

Look at은 '어떤 것을 보라'는 뜻이에요. at은 여러 뜻을 가지고 있는데 여기서는 '~로'라는 방향을 의미합니다. 그래서 Look at me.라고 하면 '저를 보세요.'라는 말이 되는 거죠. 참고로 me / you / him 같은 사람을 가리키는 인칭대명사 앞에는 the를 붙이지 않아요.

A 문장을 듣고 따라 말해 보세요. 다시 듣고 빈칸을 채워 써 보세요.

Look at _____ .

1	2	3	4

the duck	**the cat**	**the horse**	**the hippo**

① **Look at** _____ .

오리를 보세요.

② **Look at** _____ .

고양이를 보세요.

③ **Look at** _____ .

말을 보세요.

④ **Look at** _____ .

하마를 보세요.

B 문장을 바르게 따라 써 보세요.

Hello!

① 오리를 보세요.

Look at the duck.

② 고양이를 보세요.

Look at the cat.

③ 말을 보세요.

Look at the horse.

④ 하마를 보세요.

Look at the hippo.

C 우리말 뜻에 해당하는 영어 문장을 써 보세요.

① 개를 보세요.　　**the dog**

→ _____

② 나비를 보세요.　　**the butterfly**

→ _____

③ 백조를 보세요.　　**the swan**

→ _____

  Your Turn

_____ 을/를 보세요.

31

10 It's big.

Pattern

그것은 커요.

어떤 것의 특징을 말할 때는 It's 뒤에 특징을 나타내는 표현을 쓰면 됩니다. 그 특징을 좀 더 강조하고 싶을 때는 '매우'라는 의미의 very를 써서 very big(매우 큰)처럼 말할 수 있어요.

A 문장을 듣고 따라 말해 보세요. 다시 듣고 빈칸을 채워 써 보세요.

It's _____ .

1

big

2

small

3

fast

4

slow

① It's _____ .

그것은 커요.

② It's _____ .

그것은 작아요.

③ It's _____ .

그것은 빨라요.

④ It's _____ .

그것은 느려요.

B 문장을 바르게 따라 써 보세요.

Good!

1 그것은 커요.

It's big.

2 그것은 작아요.

It's small.

3 그것은 빨라요.

It's fast.

4 그것은 느려요.

It's slow.

C 우리말 뜻에 해당하는 영어 문장을 써 보세요.

1 그것은 매우 커요. **very big**

→ _____

2 그것은 부드러워요. **soft**

→ _____

3 그것은 무거워요. **heavy**

→ _____

Your Turn

그것은 _____ .

A 그림을 보고 알맞은 것에 동그라미 쳐 보세요.

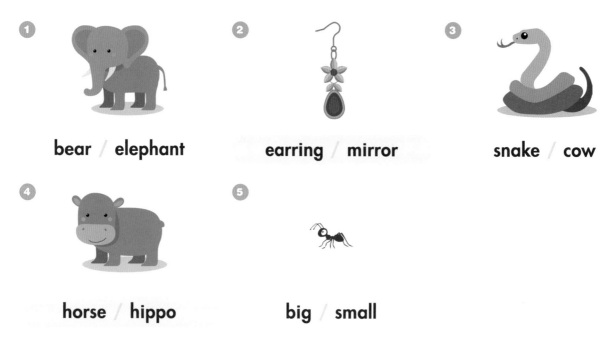

① bear / elephant

② earring / mirror

③ snake / cow

④ horse / hippo

⑤ big / small

B [보기]에서 빈칸에 알맞은 단어를 골라 문장을 완성하세요.

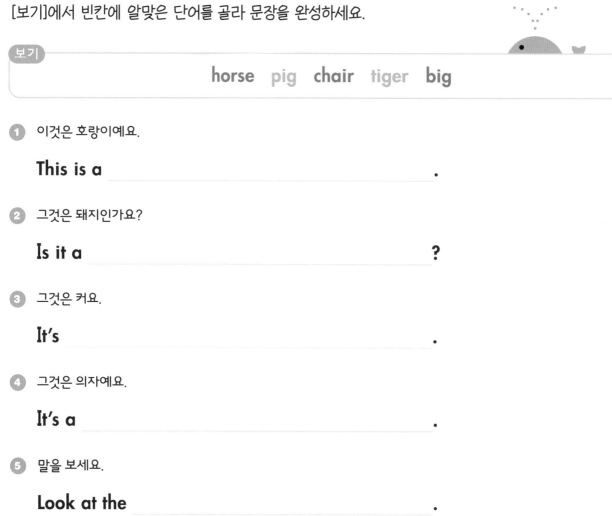

보기

horse　pig　chair　tiger　big

① 이것은 호랑이예요.

This is a _____ .

② 그것은 돼지인가요?

Is it a _____ ?

③ 그것은 커요.

It's _____ .

④ 그것은 의자예요.

It's a _____ .

⑤ 말을 보세요.

Look at the _____ .

C 그림을 보고 알맞은 문장에 연결하세요.

1  •   • Look at the duck.

2  •   • Is it a cow?

3  •   • This is a lion.

4  •   • It's slow.

5  •   • It's a ball.

D 단어의 순서를 바르게 배열해서 문장을 완성하세요.

1 fast / is / it   그것은 빨라요.

_____ .

2 is / an / eagle / it   그것은 독수리인가요?

_____ ?

3 the / at / cat / look   고양이를 보세요.

_____ .

4 is / this / a / bear   이것은 곰이에요.

_____ .

5 it / hat / a / is   그것은 모자예요.

_____ .

동물과 식물 표현

🌸 동물 animals

zebra
얼룩말

leopard
표범

gorilla
고릴라

squirrel
다람쥐

camel
낙타

rabbit
토끼

turtle
거북이

dolphin
돌고래

penguin
펭귄

shark
상어

🌸 식물 plants

rose
장미

tulip
튤립

sunflower
해바라기

cosmos
코스모스

dandelion
민들레

cherry blossom
벚꽃

pine
소나무

maple
단풍나무

bamboo
대나무

ginkgo
은행나무

I'm **seven years old.**

저는 일곱 살이에요.

나이를 말할 땐 위의 예문처럼 years old 앞에 자기 나이에 해당하는 숫자를 붙이면 돼요. 상대방에게 나이를 물어볼 때는 How old are you?라고 합니다. 참고로 외국에서는 정말 친하지 않을 경우에는 나이를 잘 묻지 않는 편이에요.

A 문장을 듣고 따라 말해 보세요. 다시 듣고 빈칸을 채워 써 보세요.

I'm _____ years old.

1	2	3	4
7	**8**	**9**	**10**
seven	eight	nine	ten

① I'm _____ years old.

저는 일곱 살이에요.

② I'm _____ years old.

저는 여덟 살이에요.

③ I'm _____ years old.

저는 아홉 살이에요.

④ I'm _____ years old.

저는 열 살이에요.

B 문장을 바르게 따라 써 보세요.

Hello!

① 저는 일곱 살이에요.

I'm seven years old.

② 저는 여덟 살이에요.

I'm eight years old.

③ 저는 아홉 살이에요.

I'm nine years old.

④ 저는 열 살이에요.

I'm ten years old.

C 우리말 뜻에 해당하는 영어 문장을 써 보세요.

① 저는 열한 살이에요.   **eleven**

→ _____

② 저는 스무 살이에요.   **twenty**

→ _____

③ 저는 여섯 살이에요.   **six**

→ _____

저는 _____ 살이에요.

I like chicken.

저는 치킨을 좋아해요.

I like ~.는 내가 좋아하는 것을 말할 때 쓰는 패턴이에요. 아래에 나온 예시처럼 I like 뒤에 음식을 넣어 말할 수도 있고, 사람, 동물, 사물, 장소 등 다양한 대상을 넣어서 자기가 좋아하는 것을 표현할 수 있습니다.

A 문장을 듣고 따라 말해 보세요. 다시 듣고 빈칸을 채워 써 보세요.

I like _____ .

1	2	3	4
chicken	milk	fish	bread

❶ I like _____ .

저는 치킨을 좋아해요.

❷ I like _____ .

저는 우유를 좋아해요.

❸ I like _____ .

저는 생선을 좋아해요.

❹ I like _____ .

저는 빵을 좋아해요.

B 문장을 바르게 따라 써 보세요.

Good!

① 저는 치킨을 좋아해요.

I like chicken.

② 저는 우유를 좋아해요.

I like milk.

③ 저는 생선을 좋아해요.

I like fish.

④ 저는 빵을 좋아해요.

I like bread.

C 우리말 뜻에 해당하는 영어 문장을 써 보세요.

① 저는 잼을 좋아해요.　　**jam**

→

② 저는 계란을 좋아해요.　　**eggs**

→

③ 저는 딸기를 좋아해요.　　**strawberries**

→

Your Turn

저는 _____ 을/를 좋아해요.

13
Pattern

I don't like pineapple.
저는 파인애플을 좋아하지 않아요.

'~하지 않다'는 영어로 don't라고 합니다. do not의 준말이죠. 그래서 I don't like라고 하면 뒤에 나오는 것을 좋아하지 않는다는 말이 됩니다. 과일과 채소는 단어 끝에 (e)s를 붙여 복수 형태로 쓰는 경우가 많습니다.

A 문장을 듣고 따라 말해 보세요. 다시 듣고 빈칸을 채워 써 보세요.

I don't like _____.

1

pineapple

2

pears

3
tomatoes

4

beans

① I don't like _____.

저는 파인애플을 좋아하지 않아요.

② I don't like _____.

저는 배를 좋아하지 않아요.

③ I don't like _____.

저는 토마토를 좋아하지 않아요.

④ I don't like _____.

저는 콩을 좋아하지 않아요.

B 문장을 바르게 따라 써 보세요.

Hello!

1 저는 파인애플을 좋아하지 않아요.

I don't like pineapple.

2 저는 배를 좋아하지 않아요.

I don't like pears.

3 저는 토마토를 좋아하지 않아요.

I don't like tomatoes.

4 저는 콩을 좋아하지 않아요.

I don't like beans.

C 우리말 뜻에 해당하는 영어 문장을 써 보세요.

1 저는 당근을 좋아하지 않아요.   **carrots**

→ _____

2 저는 감자를 좋아하지 않아요.   **potatoes**

→ _____

3 저는 채소를 좋아하지 않아요.   **vegetables**

→ _____

Your Turn

저는_____을/를 좋아하지 않아요.

43

14
Pattern

Do you like apples?
당신은 사과를 좋아하나요?

'저는 ~을/를 좋아해요.'라는 뜻의 I like ~. 패턴을 의문문으로 바꿀 때는 조동사 do를 맨 앞에 두면 됩니다. like 대신에 동사 know를 넣어서 Do you know ~?라고 하면 '당신은 ~을 아나요?'라는 뜻이에요. 이런 식으로 하나의 패턴을 다양하게 활용할 수 있어요.

A 문장을 듣고 따라 말해 보세요. 다시 듣고 빈칸을 채워 써 보세요.

Do you like _____ ?

1	2	3	4
 apples	oranges	watermelon	 grapes

① **Do you like** _____ ?

당신은 사과를 좋아하나요?

② **Do you like** _____ ?

당신은 오렌지를 좋아하나요?

③ **Do you like** _____ ?

당신은 수박을 좋아하나요?

④ **Do you like** _____ ?

당신은 포도를 좋아하나요?

B 문장을 바르게 따라 써 보세요.

Good!

① 당신은 사과를 좋아하나요?

Do you like apples?

② 당신은 오렌지를 좋아하나요?

Do you like oranges?

③ 당신은 수박을 좋아하나요?

Do you like watermelon?

④ 당신은 포도를 좋아하나요?

Do you like grapes?

C 우리말 뜻에 해당하는 영어 문장을 써 보세요.

① 당신은 바나나를 좋아하나요?　　**bananas**

→

② 당신은 복숭아를 좋아하나요?　　**peaches**

→

③ 당신은 귤을 좋아하나요?　　**tangerines**

→

 Your Turn

당신은 _____ 을/를 좋아하나요?

15
Pattern

He doesn't like soccer.
그는 축구를 좋아하지 않아요.

내가 좋아하지 않는 것을 표현하는 I don't like ~. 패턴 기억나나요? 주어가 나(I), 당신(you)일 때 부정 표현은 don't(do not)이고, 그(he), 그녀(she)일 때 부정 표현은 doesn't(does not)입니다. 차이를 잘 기억해 두세요.

A 문장을 듣고 따라 말해 보세요. 다시 듣고 빈칸을 채워 써 보세요.

He doesn't like _____.

 **1** soccer

 **2** tennis

 **3** bowling

 **4** golf

❶ He doesn't like _____ .

그는 축구를 좋아하지 않아요.

❷ He doesn't like _____ .

그는 테니스를 좋아하지 않아요.

❸ He doesn't like _____ .

그는 볼링을 좋아하지 않아요.

❹ He doesn't like _____ .

그는 골프를 좋아하지 않아요.

B 문장을 바르게 따라 써 보세요.

Hello!

1 그는 축구를 좋아하지 않아요.

He doesn't like soccer.

2 그는 테니스를 좋아하지 않아요.

He doesn't like tennis.

3 그는 볼링을 좋아하지 않아요.

He doesn't like bowling.

4 그는 골프를 좋아하지 않아요.

He doesn't like golf.

C 우리말 뜻에 해당하는 영어 문장을 써 보세요.

1 그는 배구를 좋아하지 않아요.　　**volleyball**

→ _____

2 그는 탁구를 좋아하지 않아요.　　**table tennis**

→ _____

3 그녀는 스케이트 타는 것을 좋아하지 않아요.　　**skating**

→ _____

그는 _____ 을/를 좋아하지 않아요.

A　그림을 보고 빈칸에 알맞은 알파벳을 넣어 영어 단어를 완성하세요.

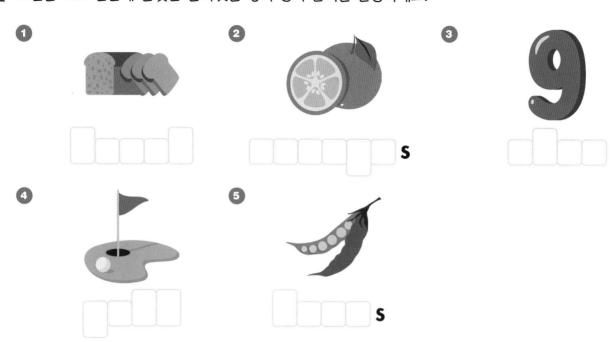

B　[보기]에서 빈칸에 알맞은 단어를 골라 문장을 완성하세요.

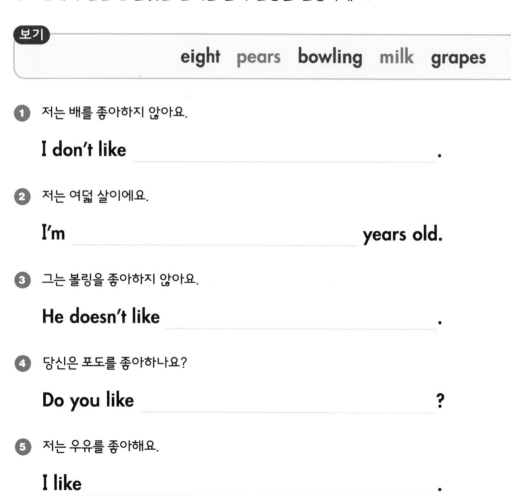

보기

eight　pears　bowling　milk　grapes

1　저는 배를 좋아하지 않아요.

　　I don't like _____ .

2　저는 여덟 살이에요.

　　I'm _____ **years old.**

3　그는 볼링을 좋아하지 않아요.

　　He doesn't like _____ .

4　당신은 포도를 좋아하나요?

　　Do you like _____ ?

5　저는 우유를 좋아해요.

　　I like _____ .

C 그림을 보고 알맞은 문장에 연결하세요.

①  •   • I'm seven years old.

②  •   • I like fish.

③  •   • Do you like apples?

④  •   • He doesn't like tennis.

⑤  •   • I don't like tomatoes.

D 단어의 순서를 바르게 배열해서 문장을 완성하세요.

① like / do / watermelon / you   당신은 수박을 좋아하나요?

_____?

② chicken / I / like   저는 치킨을 좋아해요.

_____.

③ soccer / he / like / doesn't   그는 축구를 좋아하지 않아요.

_____.

④ don't / pineapple / like / I   저는 파인애플을 좋아하지 않아요.

_____.

⑤ old / years / ten / I'm   저는 열 살이에요.

_____.

49

Pattern

I have an umbrella.

저는 우산을 가지고 있어요.

have는 많은 뜻을 가지고 있는 영어 단어예요. 그중에서도 '가지고 있다'라는 소유의 의미로 가장 많이 쓰니까 꼭 기억해 둡시다. 여러분이 가지고 다니는 소지품을 떠올리면서 예문을 읽어 보세요. 상대방에게 무엇을 가지고 있는지 물을 때는 Do you have ~?라고 합니다.

A 문장을 듣고 따라 말해 보세요. 다시 듣고 빈칸을 채워 써 보세요.

I have _____.

an umbrella

a bag

a notebook

a postcard

❶ I have _____.

저는 우산을 가지고 있어요.

❷ I have _____.

저는 가방을 가지고 있어요.

❸ I have _____.

저는 노트를 가지고 있어요.

❹ I have _____.

저는 엽서를 가지고 있어요.

B 문장을 바르게 따라 써 보세요.

Good!

① 저는 우산을 가지고 있어요.

I have an umbrella.

② 저는 가방을 가지고 있어요.

I have a bag.

③ 저는 노트를 가지고 있어요.

I have a notebook.

④ 저는 엽서를 가지고 있어요.

I have a postcard.

C 우리말 뜻에 해당하는 영어 문장을 써 보세요.

① 저는 컵을 가지고 있어요.　　**a cup**

→ _____

② 저는 숟가락을 가지고 있어요.　　**a spoon**

→ _____

③ 저는 젓가락을 가지고 있어요.　　**chopsticks**

→ _____

 Your Turn

저는 _____ 을/를 가지고 있어요.

51

17
Pattern

I don't have a brush.
저는 붓을 가지고 있지 않아요.

부정 표현 don't를 떠올려 봅시다. I have 사이에 don't를 넣어 I don' have ~.라고 하면 '저는 ~을 가지고 있지 않아요.'라는 뜻이 됩니다. 참고로 아이디어(idea)나 감정(feeling)처럼 눈에 보이지 않는 것도 동사 have와 함께 쓸 수 있어요.

A 문장을 듣고 따라 말해 보세요. 다시 듣고 빈칸을 채워 써 보세요.

I don't have _____ .

1	2	3	4
	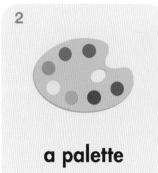		
a brush	**a palette**	**paper**	**a crayon**

1 I don't have _____ .

저는 붓을 가지고 있지 않아요.

2 I don't have _____ .

저는 팔레트를 가지고 있지 않아요.

3 I don't have _____ .

저는 종이를 가지고 있지 않아요.

4 I don't have _____ .

저는 크레용을 가지고 있지 않아요.

B 문장을 바르게 따라 써 보세요.

Hello!

① 저는 붓을 가지고 있지 않아요.

I don't have a brush.

② 저는 팔레트를 가지고 있지 않아요.

I don't have a palette.

③ 저는 종이를 가지고 있지 않아요.

I don't have paper.

④ 저는 크레용을 가지고 있지 않아요.

I don't have a crayon.

C 우리말 뜻에 해당하는 영어 문장을 써 보세요.

① 저는 스티커를 가지고 있지 않아요.　　**a sticker**

→ _____

② 저는 클레이를 가지고 있지 않아요.　　**clay**

→ _____

③ 저는 (물)병을 가지고 있지 않아요.　　**a bottle**

→ _____

Your Turn

저는 _____ 을/를 가지고 있지 않아요.

18
Pattern

Do you have a ruler?
당신은 자를 가지고 있나요?

Do you have ~?는 상대방이 어떤 것을 가지고 있는지 묻는 패턴이에요. 참고로 영어에서 돈은 셀 수 없는 명사라서 앞에 a/an을 붙이지 않습니다. 그리고 가위(scissors)는 날이 두 개이기 때문에 항상 복수로 씁니다.

A 문장을 듣고 따라 말해 보세요. 다시 듣고 빈칸을 채워 써 보세요.

Do you have ⬛⬛⬛⬛⬛ ?

1	2	3	4

a ruler	**some glue**	**scissors**	**an eraser**

❶ **Do you have** _____ ?

당신은 자를 가지고 있나요?

❷ **Do you have** _____ ?

당신은 풀을 좀 가지고 있나요?

❸ **Do you have** _____ ?

당신은 가위를 가지고 있나요?

❹ **Do you have** _____ ?

당신은 지우개를 가지고 있나요?

B 문장을 바르게 따라 써 보세요.

Good!

1 당신은 자를 가지고 있나요?

Do you have a ruler?

2 당신은 풀을 좀 가지고 있나요?

Do you have some glue?

3 당신은 가위를 가지고 있나요?

Do you have scissors?

4 당신은 지우개를 가지고 있나요?

Do you have an eraser?

C 우리말 뜻에 해당하는 영어 문장을 써 보세요.

1 당신은 돈을 가지고 있나요?   **money**

→ _____

2 당신은 주사위를 가지고 있나요?   **a dice**

→ _____

3 당신은 동전을 가지고 있나요?   **a coin**

→ _____

Your Turn

당신은 _____을/를 가지고 있나요?

19

Pattern

She has brown eyes.

그녀의 눈은 갈색이에요.

사람은 신체 부위를 몸에 지니고 있기 때문에 동사 have/has로 '어떤 신체 부위를 가지고 있다'라고 표현합니다. 주어가 I/you/we/they일 때는 have를 쓰고, he/she일 때는 has를 쓰지요. have와 has 는 발음이 다르니까 잘 듣고 따라 말해 보세요.

A 문장을 듣고 따라 말해 보세요. 다시 듣고 빈칸을 채워 써 보세요.

She has _____.

1 brown eyes

2 blonde hair

3 short hair

4 long legs

① She has _____ .

그녀의 눈은 갈색이에요.

② She has _____ .

그녀의 머리카락은 금발이에요.

③ She has _____ .

그녀의 머리카락은 짧아요.

④ She has _____ .

그녀의 다리는 길어요.

B 문장을 바르게 따라 써 보세요.

Hello!

1 그녀의 눈은 갈색이에요.

She has brown eyes.

2 그녀의 머리카락은 금발이에요.

She has blonde hair.

3 그녀의 머리카락은 짧아요.

She has short hair.

4 그녀의 다리는 길어요.

She has long legs.

C 우리말 뜻에 해당하는 영어 문장을 써 보세요.

1 그녀는 곱슬머리예요.　　**curly hair**

→ _____

2 그녀의 눈은 검은색이에요.　　**black eyes**

→ _____

3 그의 눈은 커요.　　**big eyes**

→ _____

Your Turn

그녀는/그녀의 _____ .

20 Pattern

Does he have many friends?

그에게 많은 친구가 있나요?

he/she에 대해 물을 땐 조동사 does를 문장 맨 앞에 둡니다. 조동사 뒤에는 항상 동사의 원래 형태인 동사원형이 나오기 때문에 has가 have로 바뀝니다. many는 '많은'이라는 뜻이고, any는 '하나라도/조금이라도'라는 뜻이에요. 참고로 any는 보통 해석하지 않아요.

A 문장을 듣고 따라 말해 보세요. 다시 듣고 빈칸을 채워 써 보세요.

Does he have

?

1

many friends

2

many dolls

3

any sisters

4

any brothers

❶ **Does he have** _____ ?

그에게 많은 친구가 있나요?

❷ **Does he have** _____ ?

그에게 많은 인형이 있나요?

❸ **Does he have** _____ ?

그에게 여자 형제가 있나요?

❹ **Does he have** _____ ?

그에게 남자 형제가 있나요?

B 문장을 바르게 따라 써 보세요.

Good!

① 그에게 많은 친구가 있나요?

Does he have many friends?

② 그에게 많은 인형이 있나요?

Does he have many dolls?

③ 그에게 여자 형제가 있나요?

Does he have any sisters?

④ 그에게 남자 형제가 있나요?

Does he have any brothers?

C 우리말 뜻에 해당하는 영어 문장을 써 보세요.

① 그에게 많은 반 친구가 있나요?　　　**many classmates**

→

② 그에게 친척이 있나요?　　　**any relatives**

→

③ 그녀는 취미가 많이 있나요?　　　**many hobbies**

→

Your Turn

그에게 _____ 있나요?

59

A 그림을 보고 빈칸을 채워서 단어를 완성하세요.

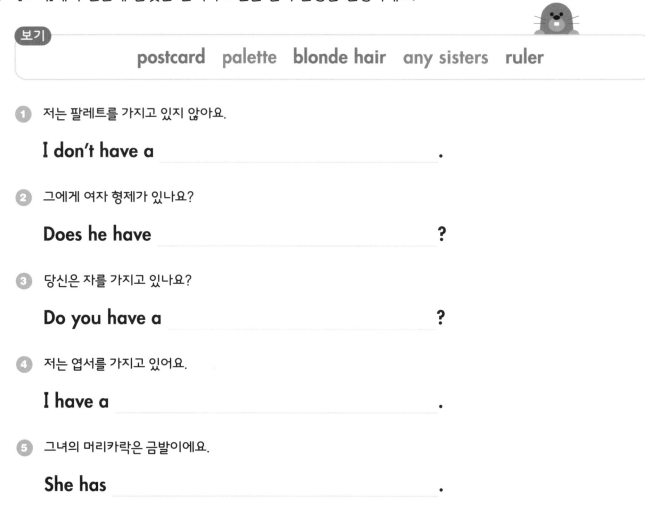

1. ___ci___sors

2. umbr___l___a

3. bro___n ey___s

4. cr___yon

5. man___ frie___ds

B [보기]에서 빈칸에 알맞은 단어나 표현을 골라 문장을 완성하세요.

보기
postcard   palette   blonde hair   any sisters   ruler

1. 저는 팔레트를 가지고 있지 않아요.

   I don't have a _____ .

2. 그에게 여자 형제가 있나요?

   Does he have _____ ?

3. 당신은 자를 가지고 있나요?

   Do you have a _____ ?

4. 저는 엽서를 가지고 있어요.

   I have a _____ .

5. 그녀의 머리카락은 금발이에요.

   She has _____ .

C 그림을 보고 알맞은 문장에 연결하세요.

1 •   • Does he have many dolls?

2 •   • I have a bag.

3 •   • Do you have some glue?

4 •   • She has long legs.

5 •   • I don't have paper.

D 단어의 순서를 바르게 배열해서 문장을 완성하세요.

1 don't / a / I / brush / have   저는 붓을 가지고 있지 않아요.

_____ .

2 hair / she / short / has   그녀의 머리카락은 짧아요.

_____ .

3 I / a / notebook / have   저는 노트를 가지고 있어요.

_____ .

4 he / does / brothers / any / have   그에게 남자 형제가 있나요?

_____ ?

5 an / do / have / eraser / you   당신은 지우개를 가지고 있나요?

_____ ?

신체 부위 표현

🌸 얼굴 face

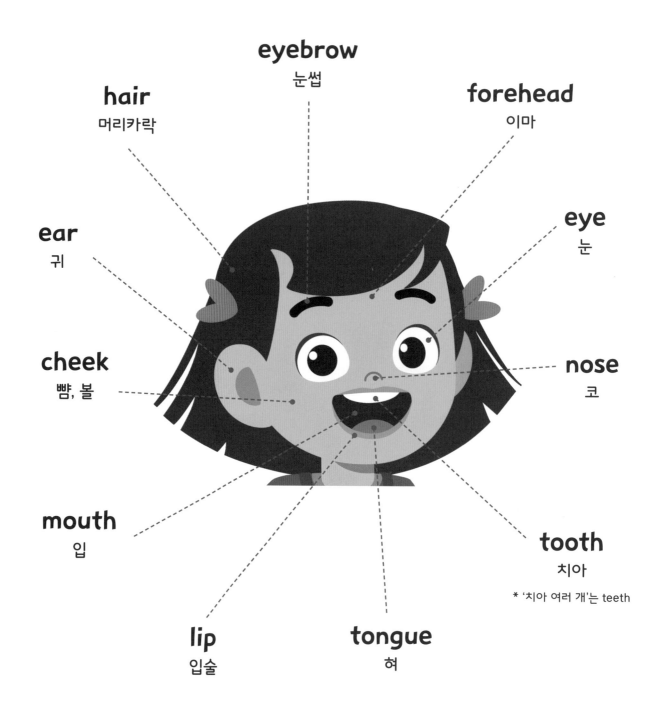

eyebrow
눈썹

hair
머리카락

forehead
이마

eye
눈

ear
귀

cheek
뺨, 볼

nose
코

mouth
입

tooth
치아

* '치아 여러 개'는 teeth

lip
입술

tongue
혀

🌸 몸 body

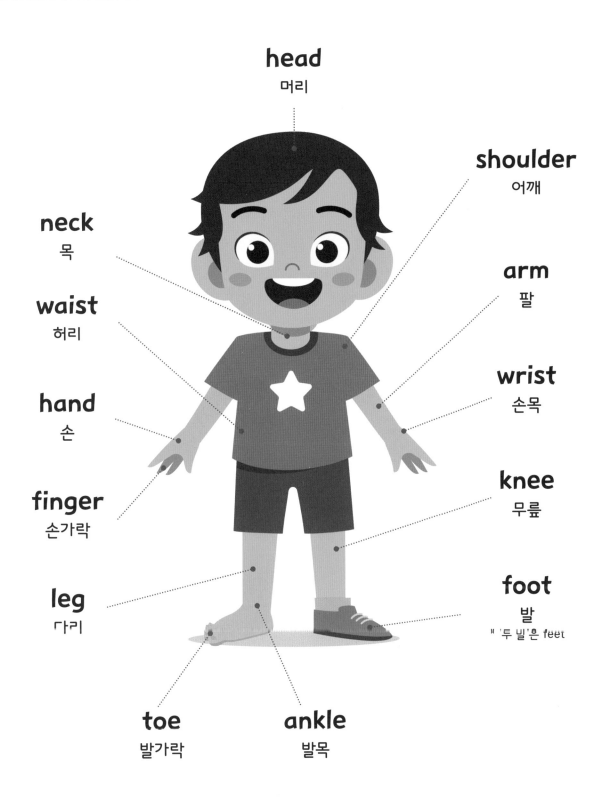

head
머리

shoulder
어깨

neck
목

waist
허리

arm
팔

hand
손

wrist
손목

finger
손가락

knee
무릎

leg
다리

foot
발
ᅢ '두 발'은 feet

toe
발가락

ankle
발목

21 Pattern

I can sing very well.
저는 노래를 매우 잘 부를 수 있어요.

can은 '~할 수 있다'라는 뜻으로, 능력이나 가능성을 나타내는 조동사예요. 조동사는 뒤에 나오는 동사원형을 돕는 역할을 합니다. 동사원형은 sing, eat처럼 동사의 원래 형태를 말해요. 여러분 스스로 할 수 있는 것을 떠올리며 아래의 문장을 읽어 보세요.

A 문장을 듣고 따라 말해 보세요. 다시 듣고 빈칸을 채워 써 보세요.

I can _____.

1 sing very well

2 eat a lot

3 help you

4 see it

1 I can _____.

저는 노래를 매우 잘 부를 수 있어요.

2 I can _____.

저는 많이 먹을 수 있어요.

3 I can _____.

저는 당신을 도울 수 있어요.

4 I can _____.

저는 그것을 볼 수 있어요.

B 문장을 바르게 따라 써 보세요.

① 저는 노래를 매우 잘 부를 수 있어요.

I can sing very well.

② 저는 많이 먹을 수 있어요.

I can eat a lot.

③ 저는 당신을 도울 수 있어요.

I can help you.

④ 저는 그것을 볼 수 있어요.

I can see it.

C 우리말 뜻에 해당하는 영어 문장을 써 보세요.

① 저는 즐겁게 춤을 출 수 있어요.   **dance happily**

→ _____

② 저는 크게 말할 수 있어요.   **say loudly**

→ _____

③ 저는 그것을 들을 수 있어요.   **hear it**

→ _____

저는 _____ 수 있어요.

I can't play the violin.

저는 바이올린을 연주할 수 없어요.

can(~할 수 있다)의 부정은 can't(cannot)입니다. 두 표현은 소리가 비슷한 편이니 주의해서 듣고 따라 말해 봅시다. play는 '움직임'을 나타내는 동사예요. 동사 play를 활용해서 악기 연주나 운동 경기, 게임 등을 한다고 말할 수 있어요.

A 문장을 듣고 따라 말해 보세요. 다시 듣고 빈칸을 채워 써 보세요.

I can't _____ .

1	2	3	4

play the violin	**speak English**	**play games**	**write a diary**

❶ I can't _____ .

저는 바이올린을 연주할 수 없어요.

❷ I can't _____ .

저는 영어로 말할 수 없어요.

❸ I can't _____ .

저는 게임을 할 수 없어요.

❹ I can't _____ .

저는 일기를 쓸 수 없어요.

B 문장을 바르게 따라 써 보세요.

Good!

① 저는 바이올린을 연주할 수 없어요.

I can't play the violin.

② 저는 영어로 말할 수 없어요.

I can't speak English.

③ 저는 게임을 할 수 없어요.

I can't play games.

④ 저는 일기를 쓸 수 없어요.

I can't write a diary.

C 우리말 뜻에 해당하는 영어 문장을 써 보세요.

① 저는 피아노를 칠 수 없어요.　　**play the piano**

→ _____

② 저는 선물을 살 수 없어요.　　**buy a gift**

→ _____

③ 저는 그 질문에 답을 할 수 없어요.　　**answer the question**

→ _____

저는 _____ 수 없어요.

23 Pattern

Can you swim?

당신은 수영할 수 있나요?

상대방에게 무엇을 할 수 있는지 물어볼 땐 You can ~. 패턴의 주어 You와 조동사 can의 위치를 바꿔서 Can you ~?라고 합니다. 영어로 대화할 때 가장 많이 쓰는 단어 중 하나가 can이니 반복해서 연습해 보세요.

A 문장을 듣고 따라 말해 보세요. 다시 듣고 빈칸을 채워 써 보세요.

Can you _____ ?

1 swim

2 jump

3 catch a ball

4 open the window

❶ Can you _____ ?

당신은 수영할 수 있나요?

❷ Can you _____ ?

당신은 점프할 수 있나요?

❸ Can you _____ ?

당신은 공을 잡을 수 있나요?

❹ Can you _____ ?

당신은 창문을 열 수 있나요?

68

B 문장을 바르게 따라 써 보세요.

Hello!

① 당신은 수영할 수 있나요?

Can you swim?

② 당신은 점프할 수 있나요?

Can you jump?

③ 당신은 공을 잡을 수 있나요?

Can you catch a ball?

④ 당신은 창문을 열 수 있나요?

Can you open the window?

C 우리말 뜻에 해당하는 영어 문장을 써 보세요.

① 당신은 스키를 탈 수 있나요?　　　**ski**

→ _____

② 당신은 문을 열 수 있나요?　　　**open the door**

→ _____

③ 당신은 문을 닫을 수 있나요?　　　**close the door**

→ _____

당신은 _____ 수 있나요?

69

24 Pattern

Can I come in?

제가 안으로 들어가도 될까요?

can은 '~할 수 있다'라는 능력이나 '~해도 된다'라는 허락을 나타내는 조동사입니다. 그래서 이것을 활용한 Can I ~? 패턴 역시 두 가지 의미를 가지고 있어요. 여기서는 '제가 ~해도 될까요?'라는 뜻으로 상대에게 허락을 구하는 의미의 Can I ~?에 대해 알아봅시다.

A 문장을 듣고 따라 말해 보세요. 다시 듣고 빈칸을 채워 써 보세요.

Can I _____ ?

1	2	3	4

come in	use your pen	drink this	ask a question

1 Can I _____ ?

제가 안으로 들어가도 될까요?

2 Can I _____ ?

제가 당신의 펜을 사용해도 될까요?

3 Can I _____ ?

제가 이것을 마셔도 될까요?

4 Can I _____ ?

제가 질문을 해도 될까요?

B 문장을 바르게 따라 써 보세요.

Good!

1 제가 안으로 들어가도 될까요?

Can I come in?

2 제가 당신의 펜을 사용해도 될까요?

Can I use your pen?

3 제가 이것을 마셔도 될까요?

Can I drink this?

4 제가 질문을 해도 될까요?

Can I ask a question?

C 우리말 뜻에 해당하는 영어 문장을 써 보세요.

1 제가 당신의 수건을 빌려도 될까요?　　**borrow your towel**

→

2 제가 부탁을 해도 될까요?　　**ask a favor**

→

3 저는 이제 가도 될까요?　　**go now**

→

Your Turn

제가 _____도 될까요?

71

25 Pattern

Don't run.

뛰지 마세요.

Don't는 Do(하다)와 부정을 뜻하는 not이 결합한 표현으로 '하지 마세요'라는 뜻입니다. 예를 들어 친구가 자꾸 나를 괴롭히고 귀찮게 한다면 Don't bother me.(날 괴롭히지 마.)라고 말하면 돼요. Don't 뒤에 상대방이 하지 말았으면 하는 일을 붙여서 말해 봅시다.

A 문장을 듣고 따라 말해 보세요. 다시 듣고 빈칸을 채워 써 보세요.

Don't _____ .

1 run

2  talk

3  push

4  pull

❶ **Don't** _____ .

뛰지 마세요.

❷ **Don't** _____ .

이야기하지 마세요.

❸ **Don't** _____ .

밀지 마세요.

❹ **Don't** _____ .

당기지 마세요.

B 문장을 바르게 따라 써 보세요.

Hello!

1 뛰지 마세요.

Don't run.

2 이야기하지 마세요.

Don't talk.

3 밀지 마세요.

Don't push.

4 당기지 마세요.

Don't pull.

C 우리말 뜻에 해당하는 영어 문장을 써 보세요.

1 일어서지 마세요.   **stand up**

→ _____

2 앉지 마세요.   **sit down**

→ _____

3 손대지 마세요.   **touch**

→ _____

Your Turn

_____ 마세요.

A 그림을 보고 알맞은 것에 동그라미 쳐 보세요.

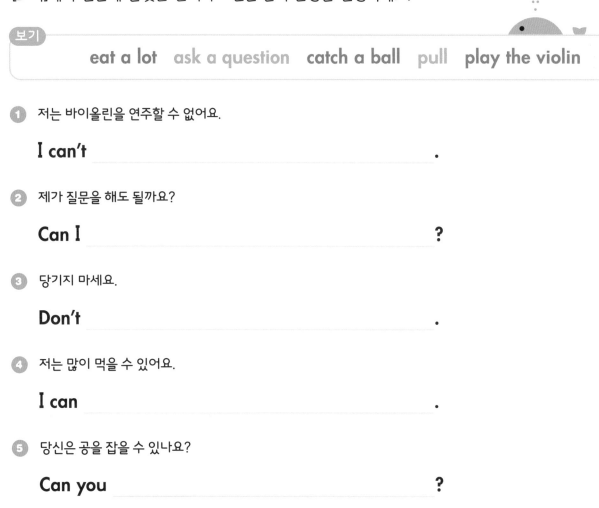

① jump / swim

② help / eat

③ ball / diary

④ run / push

⑤ come in / drink this

B [보기]에서 빈칸에 알맞은 단어나 표현을 골라 문장을 완성하세요.

보기
eat a lot   ask a question   catch a ball   pull   play the violin

① 저는 바이올린을 연주할 수 없어요.

I can't _____.

② 제가 질문을 해도 될까요?

Can I _____?

③ 당기지 마세요.

Don't _____.

④ 저는 많이 먹을 수 있어요.

I can _____.

⑤ 당신은 공을 잡을 수 있나요?

Can you _____?

C 그림을 보고 알맞은 문장에 연결하세요.

1 • • Can you open the window?

2 • • I can't play games.

3 • • Don't talk.

4 • • Can I come in?

5 • • I can sing very well.

D 단어의 순서를 바르게 배열해서 문장을 완성하세요.

1 speak / I / can't / English   저는 영어로 말할 수 없어요.

_____ .

2 your / I / can / pen / use   제가 당신의 펜을 사용해도 될까요?

_____ ?

3 see / can / I / it   저는 그것을 볼 수 있어요.

_____ .

4 push / don't   밀지 마세요.

_____ .

5 you / swim / can   당신은 수영할 수 있나요?

_____ ?

26 Pattern

Let's play baseball.
같이 야구해요.

Let's는 Let us의 준말로 '우리 함께 ~해요'라는 제안의 의미가 담겨 있습니다. 상대방에게 같이 하고 싶은 일을 권유하는 표현이에요. 예를 들어 Let's study English!라고 하면 '우리 함께 영어 공부합시다!'라는 말이 되지요.

A 문장을 듣고 따라 말해 보세요. 다시 듣고 빈칸을 채워 써 보세요.

Let's _____.

1

play baseball

2

play badminton

3

go

4

take a break

① Let's _____.

같이 야구해요.

② Let's _____.

같이 배드민턴 쳐요.

③ Let's _____.

같이 가요.

④ Let's _____.

같이 쉬어요.

B 문장을 바르게 따라 써 보세요.

Good!

1 같이 야구해요.

Let's play baseball.

2 같이 배드민턴 쳐요.

Let's play badminton.

3 같이 가요.

Let's go.

4 같이 쉬어요.

Let's take a break.

C 우리말 뜻에 해당하는 영어 문장을 써 보세요.

1 같이 농구해요.   **play basketball**

→ _____

2 같이 숨바꼭질해요.   **play hide and seek**

→ _____

3 같이 그것에 대해 이야기해요.   **talk about it**

→ _____

  Your Turn

같이 _____ .

_____

27 It's sunny.

Pattern

맑은 날씨네요.

날씨를 말할 때는 It's부터 떠올려야 해요. 그래서 '오늘 날씨가 맑다.'는 It's sunny (today).라고 합니다. 한국어 그대로 Today's weather is sunny.라고 하면 어색한 영어 문장이 됩니다. How's the weather today?(오늘 날씨가 어떤가요?)라는 문장도 함께 알아둡시다.

A 문장을 듣고 따라 말해 보세요. 다시 듣고 빈칸을 채워 써 보세요.

It's _____.

1	2	3	4

sunny	snowy	cloudy	rainy

① It's _____.

맑은 날씨네요.

② It's _____.

눈이 오네요.

③ It's _____.

구름 낀 날씨네요.

④ It's _____.

비가 오네요.

78

B 문장을 바르게 따라 써 보세요.

Hello!

1 맑은 날씨네요.

It's sunny.

2 눈이 오네요.

It's snowy.

3 구름 낀 날씨네요.

It's cloudy.

4 비가 오네요.

It's rainy.

C 우리말 뜻에 해당하는 영어 문장을 써 보세요.

1 바람이 부는 날씨네요.   **windy**

→

2 날이 덥네요.   **hot**

→

3 날이 춥네요.   **cold**

→

_____ 네요.

28 Pattern

It's nine o'clock.
9시예요.

clock은 '시계'라는 뜻이고, o'clock은 of the clock의 준말로 '몇 시'라는 뜻이에요. o'clock은 주로 '정각'을 나타낼 때만 씁니다. 날씨와 마찬가지로 시간을 말할 때도 주어는 It을 사용해요. 지금 몇 시인지 물어볼 땐 What time is it now?라고 합니다.

A 문장을 듣고 따라 말해 보세요. 다시 듣고 빈칸을 채워 써 보세요.

It's _____.

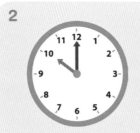

1	2	3	4
nine o'clock	ten o'clock	nine fifteen	seven thirty

❶ It's _____.
9시예요.

❷ It's _____.
10시예요.

❸ It's _____.
9시 15분이에요.

❹ It's _____.
7시 30분이에요.

B 문장을 바르게 따라 써 보세요.

Good!

1 9시예요.

> It's nine o'clock.

2 10시예요.

> It's ten o'clock.

3 9시 15분이에요.

> It's nine fifteen.

4 7시 30분이에요.

> It's seven thirty.

C 우리말 뜻에 해당하는 영어 문장을 써 보세요.

1 8시예요.   **eight o'clock**

→ _____

2 3시 30분이에요.   **three thirty**

→ _____

3 11시 45분이에요.   **eleven forty-five**

→ _____

Your Turn

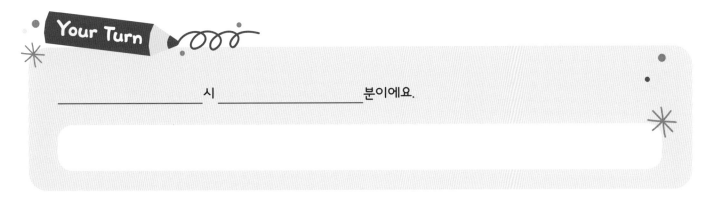

_____ 시 _____ 분이에요.

29
Pattern

It's time for breakfast.
아침 먹을 시간이에요.

It's time for는 '~을 위한 시간이에요'라는 뜻이에요. for 뒤에 말하고 싶은 내용을 넣으면 됩니다. 학교에 가면 선생님이 매일 It's time for study!(공부할 시간이야!)라고 말할 거예요. 단어에 따라 앞에 a/an이 붙는 경우도 있으니 구별해서 기억해 둡시다.

A 문장을 듣고 따라 말해 보세요. 다시 듣고 빈칸을 채워 써 보세요.

It's time for _____ .

1 A.M. 07:00	2 P.M. 12:00	3	4
 **breakfast**	 **lunch**	 **school**	 **bed**

① It's time for _____ .

아침 먹을 시간이에요.

② It's time for _____ .

점심 먹을 시간이에요.

③ It's time for _____ .

학교 갈 시간이에요.

④ It's time for _____ .

잠을 잘 시간이에요.

B 문장을 바르게 따라 써 보세요.

Hello!

1 아침 먹을 시간이에요.

It's time for breakfast.

2 점심 먹을 시간이에요.

It's time for lunch.

3 학교 갈 시간이에요.

It's time for school.

4 잠을 잘 시간이에요.

It's time for bed.

C 우리말 뜻에 해당하는 영어 문장을 써 보세요.

1 저녁 먹을 시간이에요.　　　**dinner**

→ _____

2 목욕을 할 시간이에요.　　　**a bath**

→ _____

3 영화를 볼 시간이에요.　　　**a movie**

→ _____

 **Your Turn**

_____ 시간이에요.

30 Pattern

What time do you get up?

당신은 몇 시에 일어나나요?

What time do you ~?는 상대방의 습관적인 행동이 무엇인지 물어보는 패턴입니다. What time do you usually ~?라고 하면 '당신은 보통 몇 시에 ~을 하나요?'라는 뜻이에요. 위의 질문에 대한 답은 I get up at 7 o'clock.(저는 7시에 일어나요.)라고 하면 됩니다.

A 문장을 듣고 따라 말해 보세요. 다시 듣고 빈칸을 채워 써 보세요.

What time do you　　　　　?

1	2	3	4

get up	**get home**	**go to school**	**sleep**

❶ **What time do you** 　　　　　　?

　당신은 몇 시에 일어나나요?

❷ **What time do you** 　　　　　　?

　당신은 몇 시에 집에 오나요?

❸ **What time do you** 　　　　　　?

　당신은 몇 시에 학교에 가나요?

❹ **What time do you** 　　　　　　?

　당신은 몇 시에 자나요?

B 문장을 바르게 따라 써 보세요.

Good!

1 당신은 몇 시에 일어나나요?

What time do you get up?

2 당신은 몇 시에 집에 오나요?

What time do you get home?

3 당신은 몇 시에 학교에 가나요?

What time do you go to school?

4 당신은 몇 시에 자나요?

What time do you sleep?

C 우리말 뜻에 해당하는 영어 문장을 써 보세요.

1 당신은 몇 시에 학원을 떠나나요?　　**leave the academy**

→ _____

2 당신은 몇 시에 친구를 만나나요?　　**meet your friend**

→ _____

3 당신은 몇 시에 샤워를 하나요?　　**take a shower**

→ _____

  Your Turn

당신은 몇 시에 _____?

A 그림을 보고 빈칸에 알맞은 알파벳을 넣어 영어 단어를 완성하세요.

o'clock

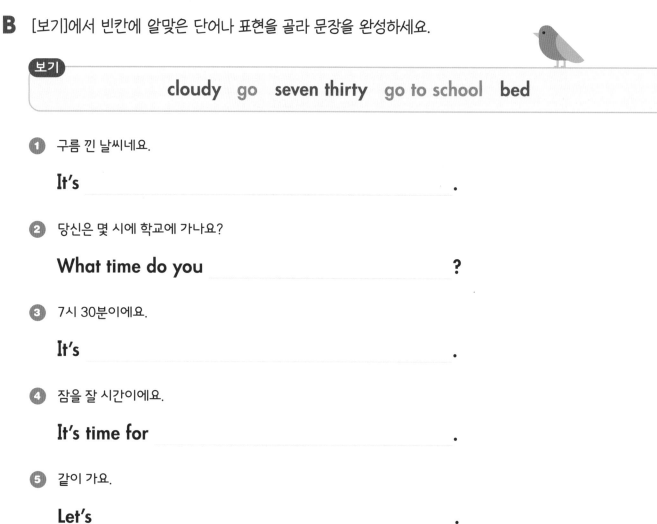

B [보기]에서 빈칸에 알맞은 단어나 표현을 골라 문장을 완성하세요.

보기

cloudy　go　seven thirty　go to school　bed

1 구름 낀 날씨네요.

It's   .

2 당신은 몇 시에 학교에 가나요?

What time do you   ?

3 7시 30분이에요.

It's   .

4 잠을 잘 시간이에요.

It's time for   .

5 같이 가요.

Let's   .

C 그림을 보고 알맞은 문장에 연결하세요.

1 ●   ● It's time for school.

2 ●   ● It's snowy.

3 ●   ● What time do you get up?

4 ●   ● Let's take a break.

5 ●   ● It's nine fifteen.

D 단어의 순서를 바르게 배열해서 문장을 완성하세요.

1 nine / it / o'clock / is   9시예요.

                                   .

2 is / sunny / it   맑은 날씨네요.

                                   .

3 do / get / what time / you / home   당신은 몇 시에 집에 오나요?

                                   ?

4 play / let's / baseball   같이 야구해요.

                                   .

5 time / breakfast / is / for / it   아침 먹을 시간이에요.

                                   .

시간 표현

⚙ 시간 time

시간/날짜를 말할 땐 It is/was ~. 패턴을 씁니다. 이때 It is/was는 문장의 완성을 위해 사용하는 말이므로 '그것은 ~이다/였다'라고 해석하지 않아요.

It's five o'clock.
5시 정각이에요.

It's four twenty.
4시 20분이에요.

* 정각을 말할 땐 시간 뒤에 o'clock을 붙입니다.

It's seven o five.
7시 5분이에요.

It's eleven forty-two.
11시 42분이에요.

* 0을 의미하는 o는 zero로 바꿔도 됩니다. o는 알파벳 그대로 '오'라고 읽어요.

It's fifteen past three.

3시 15분이에요.

* past는 '~을 지나'라는 뜻입니다. '몇 분 past 몇 시'는 '몇 시 몇 분'이라는 말이죠. 15분은 quarter(15분)로 바꿔도 좋아요.

It's thirty past twelve.

12시 30분이에요.

* 30분은 half(반)로 바꿔도 됩니다.

It's ten to five.

5시 10분 전이에요.

* to에는 '~로 향해'라는 뜻이 있어서 '몇 분 to 몇 시'는 '몇 시 몇 분 전'이라는 말이 됩니다.

It's twenty to eight.

8시 20분 전이에요.

Your Turn

그림과 우리말 해석을 보고 빈칸을 채워 보세요.

A **What time is it now?** 지금 몇 시인가요?

B **It's** _____.

6시 10분이에요.

정답 six ten

89

31 Is this your coat?

이것은 당신의 코트인가요?

Is this your ~?는 가까이 있는 물건이 상대방의 것인지 확인할 때 쓰는 패턴이에요. 멀리 있는 물건에 대해 물어보려면 Is that your ~?라고 하면 됩니다. 이런 질문을 받으면 Yes, it's mine.(네, 그건 제 거 예요.)이라고 하거나 No, it's not mine.(아니요, 그건 제 것이 아니에요.)이라고 답해요.

A 문장을 듣고 따라 말해 보세요. 다시 듣고 빈칸을 채워 써 보세요.

Is this your _____ **?**

1 coat

2 skirt

3 belt

4 shirt

❶ **Is this your** _____ **?**

이것은 당신의 코트인가요?

❷ **Is this your** _____ **?**

이것은 당신의 치마인가요?

❸ **Is this your** _____ **?**

이것은 당신의 허리띠인가요?

❹ **Is this your** _____ **?**

이것은 당신의 셔츠인가요?

B 문장을 바르게 따라 써 보세요.

Hello!

1 이것은 당신의 코트인가요?

Is this your coat?

2 이것은 당신의 치마인가요?

Is this your skirt?

3 이것은 당신의 허리띠인가요?

Is this your belt?

4 이것은 당신의 셔츠인가요?

Is this your shirt?

C 우리말 뜻에 해당하는 영어 문장을 써 보세요.

1 이것은 당신의 반지인가요?   **ring**

→

2 이것은 당신의 조끼인가요?   **vest**

→

3 이것은 당신의 팔찌인가요?   **bracelet**

→

  **Your Turn**

이것은 당신의 _____ 인가요?

32
Pattern

Whose textbook is this?
이것은 누구의 교과서인가요?

whose는 '누구의'라는 뜻입니다. 그래서 이 뒤에 단어를 붙여서 그것이 누구의 것인지 물어보는 표현을 만들 수 있어요. 이 질문에는 It's Minsu's textbook.(그건 민수의 교과서예요.)이라고 대답하면 됩니다. 그 물건이 내 것이라면 It's mine.이라고 말하세요.

A 문장을 듣고 따라 말해 보세요. 다시 듣고 빈칸을 채워 써 보세요.

Whose _____ is this?

textbook

key

cellphone

balloon

1 Whose _____ is this?

이것은 누구의 교과서인가요?

2 Whose _____ is this?

이것은 누구의 열쇠인가요?

3 Whose _____ is this?

이것은 누구의 휴대폰인가요?

4 Whose _____ is this?

이것은 누구의 풍선인가요?

B 문장을 바르게 따라 써 보세요.

Good!

1 이것은 누구의 교과서인가요?

Whose textbook is this?

2 이것은 누구의 열쇠인가요?

Whose key is this?

3 이것은 누구의 휴대폰인가요?

Whose cellphone is this?

4 이것은 누구의 풍선인가요?

Whose balloon is this?

C 우리말 뜻에 해당하는 영어 문장을 써 보세요.

1 이것은 누구의 배낭인가요?　　　**backpack**

→ _____

2 이것은 누구의 식물인가요?　　　**plant**

→ _____

3 이것은 누구의 주머니인가요?　　　**pocket**

→ _____

이것은 누구의 _____ 인가요?

33
Pattern

Where *is* my bicycle?
제 자전거는 어디에 있나요?

장소나 위치를 물어볼 때는 where를 사용해요. Where is my ~? 뒤에 내 물건이나 나와 관계된 사람을 넣어 위치를 물어볼 수 있어요. 대화 중인 상대방이 지금 어디인지 물을 때는 Where are you?라고 하면 됩니다.

A 문장을 듣고 따라 말해 보세요. 다시 듣고 빈칸을 채워 써 보세요.

Where *is* my _____ ?

1

bicycle

2

bat

3

wallet

4

watch

① **Where is my** _____ ?

제 자전거는 어디에 있나요?

② **Where is my** _____ ?

제 방망이는 어디에 있나요?

③ **Where is my** _____ ?

제 지갑은 어디에 있나요?

④ **Where is my** _____ ?

제 시계는 어디에 있나요?

B 문장을 바르게 따라 써 보세요.

Hello!

1 제 자전거는 어디에 있나요?

Where is my bicycle?

2 제 방망이는 어디에 있나요?

Where is my bat?

3 제 지갑은 어디에 있나요?

Where is my wallet?

4 제 시계는 어디에 있나요?

Where is my watch?

C 우리말 뜻에 해당하는 영어 문장을 써 보세요.

1 제 볼펜은 어디에 있나요?　　**ballpoint**

→ _____

2 제 색종이는 어디에 있나요?　　**colored paper**

→ _____

3 제 자리는 어디에 있나요?　　**seat**

→ _____

제 _____ 은/는 어디에 있나요?

_____

95

34 Pattern

It's on the box.
그것은 상자 위에 있어요.

앞서 나왔던 Where is my textbook?(내 교과서는 어디에 있나요?)이라는 질문에 대답을 해 봅시다.
영어로 위치를 나타낼 때에는 on, in, next to, behind 등의 전치사를 쓰고 그 뒤에 단어를 붙입니다.
위치를 나타내는 전치사를 함께 알아봅시다.

A 문장을 듣고 따라 말해 보세요. 다시 듣고 빈칸을 채워 써 보세요.

It's _____.

1	2	3	4
 on the box	in the box	 next to the box	behind the box

① It's _____.

그것은 상자 위에 있어요.

② It's _____.

그것은 상자 안에 있어요.

③ It's _____.

그것은 상자 옆에 있어요.

④ It's _____.

그것은 상자 뒤에 있어요.

B 문장을 바르게 따라 써 보세요.

Good!

① 그것은 상자 위에 있어요.

It's on the box.

② 그것은 상자 안에 있어요.

It's in the box.

③ 그것은 상자 옆에 있어요.

It's next to the box.

④ 그것은 상자 뒤에 있어요.

It's behind the box.

C 우리말 뜻에 해당하는 영어 문장을 써 보세요.

① 그것은 책상 위에 있어요.   **on the desk**

→

② 그것은 책상 옆에 있어요.   **next to the desk**

→

③ 그것은 책상 앞에 있어요.   **in front of the desk**

→

그것은 _____ 에 있어요.

35
Pattern

What a nice house!
멋진 집이네요!

What a nice ~!는 '와! 멋진 ~네요!'라고 감탄을 나타내는 패턴입니다. 우리가 일상에서 쓰는 '대박!' 정도로 생각해도 좋아요. 이 패턴을 기억해 놓고 nice 뒤에 나오는 대상만 바꿔서 다양한 감탄 표현을 말해 보세요.

A 문장을 듣고 따라 말해 보세요. 다시 듣고 빈칸을 채워 써 보세요.

What a nice   **!**

1	2	3	4
 house	car	day	 tree

1 **What a nice**   **!**

멋진 집이네요!

2 **What a nice**   **!**

멋진 자동차네요!

3 **What a nice**   **!**

정말 좋은 날이네요!

4 **What a nice**   **!**

멋진 나무네요!

B 문장을 바르게 따라 써 보세요.

Hello!

1 멋진 집이네요!

What a nice house!

2 멋진 자동차네요!

What a nice car!

3 정말 좋은 날이네요!

What a nice day!

4 멋진 나무네요!

What a nice tree!

C 우리말 뜻에 해당하는 영어 문장을 써 보세요.

1 멋진 이야기네요!　　　　**story**

→ _____

2 멋진 이름이네요!　　　　**name**

→ _____

3 멋진 노래네요!　　　　**song**

→ _____

Your Turn

멋진 _____ !

정답 173쪽

A 그림을 보고 빈칸을 채워서 단어를 완성하세요.

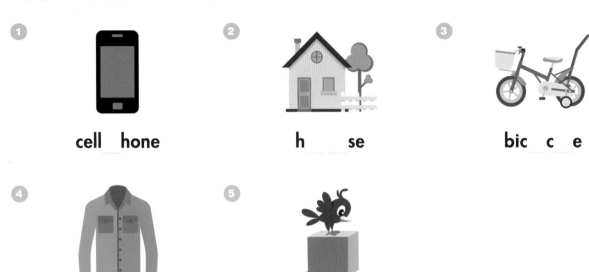

① cell hone

② h se

③ bic c e

④ s irt

⑤ the box

B [보기]에서 빈칸에 알맞은 단어나 표현을 골라 문장을 완성하세요.

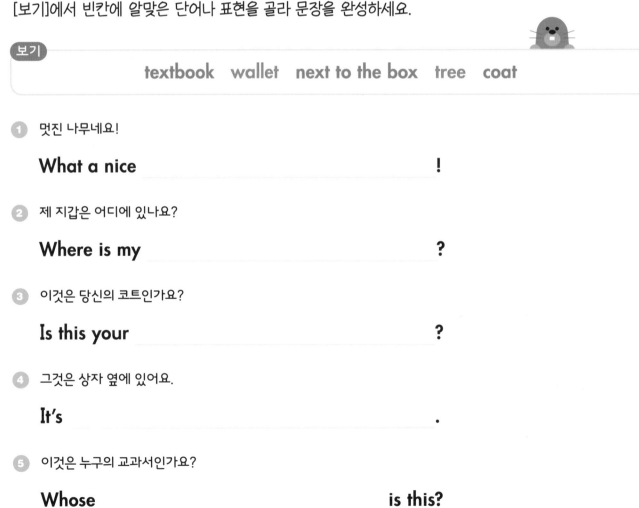

보기

textbook   wallet   next to the box   tree   coat

① 멋진 나무네요!

What a nice   !

② 제 지갑은 어디에 있나요?

Where is my   ?

③ 이것은 당신의 코트인가요?

Is this your   ?

④ 그것은 상자 옆에 있어요.

It's   .

⑤ 이것은 누구의 교과서인가요?

Whose   is this?

C 그림을 보고 알맞은 문장에 연결하세요.

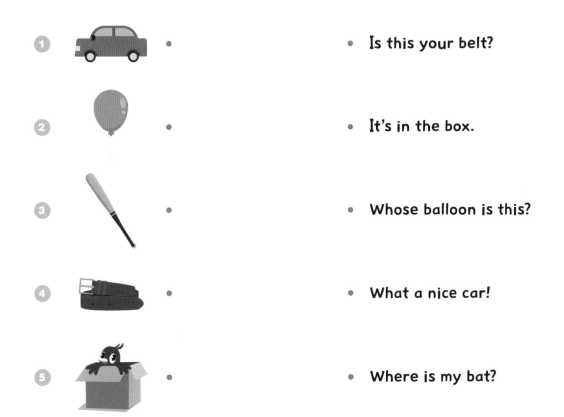

① 🚗 • • Is this your belt?

② 🎈 • • It's in the box.

③ 🏏 • • Whose balloon is this?

④ belt • • What a nice car!

⑤ box • • Where is my bat?

D 단어의 순서를 바르게 배열해서 문장을 완성하세요.

① **my** / **where** / **watch** / **is**   제 시계는 어디에 있나요?

_____ **?**

② **skirt** / **this** / **is** / **your**   이것은 당신의 치마인가요?

_____ **?**

③ **a** / **what** / **day** / **nice**   정말 좋은 날이네요!

_____ **!**

④ **is** / **key** / **whose** / **this**   이것은 누구의 열쇠인가요?

_____ **?**

⑤ **it's** / **the** / **behind** / **box**   그것은 상자 뒤에 있어요.

_____ **.**

36 Pattern

I want some candy.
저는 사탕을 먹고 싶어요.

I want ~.는 자기가 무엇을 원하는지 말할 때 쓰는 패턴이에요. 이 패턴 뒤에 음식, 물건 등 다양한 대상을 넣어서 문장을 만들어 봅시다. 상대방에게 무엇을 원하는지 물을 땐 What do you want?라고 하면 됩니다.

A 문장을 듣고 따라 말해 보세요. 다시 듣고 빈칸을 채워 써 보세요.

I want some _____ .

1

candy

2
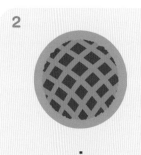
pie

3

pizza

4

soup

① I want some _____ .

저는 사탕을 먹고 싶어요.

② I want some _____ .

저는 파이를 먹고 싶어요.

③ I want some _____ .

저는 피자를 먹고 싶어요.

④ I want some _____ .

저는 수프를 먹고 싶어요.

B 문장을 바르게 따라 써 보세요.

Good!

1 저는 사탕을 먹고 싶어요.

I want some candy.

2 저는 파이를 먹고 싶어요.

I want some pie.

3 저는 피자를 먹고 싶어요.

I want some pizza.

4 저는 수프를 먹고 싶어요.

I want some soup.

C 우리말 뜻에 해당하는 영어 문장을 써 보세요.

1 저는 음식을 좀 먹고 싶어요.   **food**

→ _____

2 저는 카레를 먹고 싶어요.   **curry**

→ _____

3 저는 스파게티를 먹고 싶어요.   **spaghetti**

→ _____

Your Turn

저는 _____ 을/를 먹고 싶어요.

Do you want some cake?

케이크를 좀 드실래요?

상대방에게 어떤 것을 원하는지 물어볼 때는 Do you want some ~? 패턴을 활용할 수 있어요. 주로 음식을 권할 때 이 패턴을 자주 씁니다. do로 물어보았으니 그것을 원할 때는 Yes, I do.(네, 원해요.) 라고 하고 원하지 않으면 No, I don't.(아니요, 됐어요.)라고 답해요.

A 문장을 듣고 따라 말해 보세요. 다시 듣고 빈칸을 채워 써 보세요.

Do you want some

?

1

cake

2

ice cream

3

chocolate

4

water

❶ **Do you want some** ?

케이크를 좀 드실래요?

❷ **Do you want some** ?

아이스크림을 좀 드실래요?

❸ **Do you want some** ?

초콜릿을 좀 드실래요?

❹ **Do you want some** ?

물을 좀 드실래요?

B 문장을 바르게 따라 써 보세요.

Hello!

1 케이크를 좀 드실래요?

Do you want some cake?

2 아이스크림을 좀 드실래요?

Do you want some ice cream?

3 초콜릿을 좀 드실래요?

Do you want some chocolate?

4 물을 좀 드실래요?

Do you want some water?

C 우리말 뜻에 해당하는 영어 문장을 써 보세요.

1 차를 좀 드실래요?   **tea**

→ _____

2 치즈를 좀 드실래요?   **cheese**

→ _____

3 디저트를 좀 드실래요?   **dessert**

→ _____

 Your Turn

_____

38
Pattern

How many pens do you have?

당신은 얼마나 많은 펜을 가지고 있나요?

How many는 어떤 것이 얼마나 많은지 개수를 물어볼 때 쓰는 표현이에요. 한국어와 다르게 영어에서는 명사를 셀 수 있는 것과 없는 것으로 구분해요. 그래서 연필처럼 개수를 셀 수 있을 때만 many를 사용합니다. 다양한 단어를 넣어서 개수를 묻는 문장을 만들어 봅시다.

A 문장을 듣고 따라 말해 보세요. 다시 듣고 빈칸을 채워 써 보세요.

How many _____
do you have?

1

pens

2
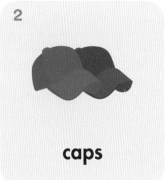
caps

3

books

4

scarves

1 How many _____ do you have?

당신은 얼마나 많은 펜을 가지고 있나요?

2 How many _____ do you have?

당신은 얼마나 많은 야구 모자를 가지고 있나요?

3 How many _____ do you have?

당신은 얼마나 많은 책을 가지고 있나요?

4 How many _____ do you have?

당신은 얼마나 많은 스카프를 가지고 있나요?

B 문장을 바르게 따라 써 보세요.

Good!

① 당신은 얼마나 많은 펜을 가지고 있나요?

How many pens do you have?

② 당신은 얼마나 많은 야구 모자를 가지고 있나요?

How many caps do you have?

③ 당신은 얼마나 많은 책을 가지고 있나요?

How many books do you have?

④ 당신은 얼마나 많은 스카프를 가지고 있나요?

How many scarves do you have?

C 우리말 뜻에 해당하는 영어 문장을 써 보세요.

① 당신은 얼마나 많은 수업을 가지고 있나요?   **classes**

② 당신은 얼마나 많은 티켓을 가지고 있나요?   **tickets**

③ 당신은 얼마나 많은 꽃을 가지고 있나요?   **flowers**

 **Your Turn**

당신은 얼마나 많은 _____ 을/를 가지고 있나요?

39 How much are these shoes?

이 신발은 얼마인가요?

many는 셀 수 있는 명사 앞에 쓰고, much는 셀 수 없는 명사 앞에 씁니다. '돈'은 지폐나 동전을 떠올려서 셀 수 있는 명사로 생각하기 쉽죠. 하지만 영어에서 '돈'은 셀 수 없다고 보기 때문에 가격을 물을 때 How much ~?라고 해요. these는 this의 복수형으로 '이것들'이라는 뜻이에요.

A 문장을 듣고 따라 말해 보세요. 다시 듣고 빈칸을 채워 써 보세요.

How much are these

?

1

shoes

2

pants

3

socks

4

gloves

① **How much are these** _____ **?**

이 신발은 얼마인가요?

② **How much are these** _____ **?**

이 바지는 얼마인가요?

③ **How much are these** _____ **?**

이 양말은 얼마인가요?

④ **How much are these** _____ **?**

이 장갑은 얼마인가요?

B 문장을 바르게 따라 써 보세요.

Hello!

① 이 신발은 얼마인가요?

How much are these shoes?

② 이 바지는 얼마인가요?

How much are these pants?

③ 이 양말은 얼마인가요?

How much are these socks?

④ 이 장갑은 얼마인가요?

How much are these gloves?

C 우리말 뜻에 해당하는 영어 문장을 써 보세요.

① 이 귀걸이는 얼마인가요?   **earrings**

→ _____

② 이 머리핀은 얼마인가요?   **hairpins**

→ _____

③ 이 장화는 얼마인가요?   **rain boots**

→ _____

Your Turn

이 _____은/는 얼마인가요?

40
Pattern

It's one hundred won.
그것은 100원이에요.

영어의 백, 천, 만, 십만, 백만 등의 돈 단위를 처음 접하면 어렵게 느껴질 수 있습니다. 한국어와 다른 점은 만부터 10(ten)X1,000(thousand)처럼 곱셈을 해서 표현한다는 것이에요. 100과 1,000은 a hundred나 a thousand처럼 a를 붙여도 됩니다.

A 문장을 듣고 따라 말해 보세요. 다시 듣고 빈칸을 채워 써 보세요.

It's _____ won.

1

one hundred

2
one thousand

3
ten thousand

4

one hundred thousand

① It's _____ won.
그것은 100원이에요.

② It's _____ won.
그것은 1,000원이에요.

③ It's _____ won.
그것은 10,000원이에요.

④ It's _____ won.
그것은 십만 원이에요.

B 문장을 바르게 따라 써 보세요.

① 그것은 100원이에요.

It's one hundred won.

② 그것은 1,000원이에요.

It's one thousand won.

③ 그것은 10,000원이에요.

It's ten thousand won.

④ 그것은 십만 원이에요.

It's one hundred thousand won.

C 우리말 뜻에 해당하는 영어 문장을 써 보세요.

① 그것은 2백만 원이에요.　　　**two million**

→ _____

② 그것은 2천만 원이에요.　　　**twenty million**

→ _____

③ 그것은 2억 원이에요.　　**two hundred million**

→ _____

 Your Turn

그것은 _____ 원이에요.

111

A 그림을 보고 알맞은 것에 동그라미 쳐 보세요.

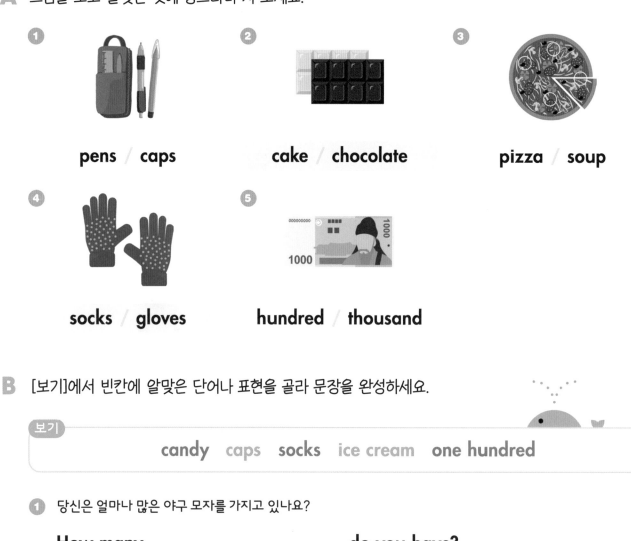

① pens / caps

② cake / chocolate

③ pizza / soup

④ socks / gloves

⑤ hundred / thousand

B [보기]에서 빈칸에 알맞은 단어나 표현을 골라 문장을 완성하세요.

보기

candy   caps   socks   ice cream   one hundred

① 당신은 얼마나 많은 야구 모자를 가지고 있나요?

How many _____ do you have?

② 아이스크림을 좀 드실래요?

Do you want some _____ ?

③ 그것은 100원이에요.

It's _____ won.

④ 저는 사탕을 먹고 싶어요.

I want some _____ .

⑤ 이 양말은 얼마인가요?

How much are these _____ ?

C 그림을 보고 알맞은 문장에 연결하세요.

1 •   • How many scarves do you have?

2 •   • I want some pie.

3 •   • How much are these pants?

4 •   • It's ten thousand won.

5 •   • Do you want some cake?

D 단어의 순서를 바르게 배열해서 문장을 완성하세요.

1 some / want / do / water / you   물을 좀 드실래요?

_____ ?

2 one / it's / won / thousand / hundred   그것은 십만 원이에요.

_____ .

3 some / I / soup / want   저는 수프를 먹고 싶어요.

_____ .

4 books / have / you / do / how many   당신은 얼마나 많은 책을 가지고 있나요?

_____ ?

5 these / are / shoes / how much   이 신발은 얼마인가요?

_____ ?

113

숫자 표현

✿ 숫자 numbers

1 one	2 two	3 three	4 four	5 five
6 six	7 seven	8 eight	9 nine	10 ten
11 eleven	12 twelve	13 thirteen	14 fourteen	15 fifteen
16 sixteen	17 seventeen	18 eighteen	19 nineteen	20 twenty

✿ 21부터 99까지는 규칙적으로 십의 자리만 바뀝니다. 그러니 한번 외워 두면 31(thirty-one), 32(thirty-two)처럼 응용할 수 있어요.

21 twenty-one	22 twenty-two	23 twenty-three	24 twenty-four
25 twenty-five	26 twenty-six	27 twenty-seven	28 twenty-eight
29 twenty-nine	30 thirty	31 thirty-one	32 thirty-two

40
forty

50
fifty

60
sixty

70
seventy

80
eighty

90
ninety

100
hundred

🌸 큰 숫자도 알아봅시다. 아래 나온 것을 기준으로 앞의 숫자만 바꿔서 말하면 됩니다. 예를 들어 3천은 three thousand, 4만은 forty thousand라고 해요.

1,000
one thousand

10,000
ten thousand

10만
one hundred thousand

100만
one million

1,000만
ten million

1억
one hundred million

10억
one billion

1조
one trillion

Your Turn

위에 나온 내용과 우리말 해석을 보고 빈칸을 채워 보세요.

It's _____ won.

그것은 오천 원이에요.

정답 five thousand

41 Pattern

I'm a pilot.
저는 조종사예요.

자기가 하는 일을 소개할 땐 I'm 뒤에 직업을 넣어 말합니다. 그/그녀의 직업을 소개할 땐 He/she is 로 말하면 되겠죠. 상대방에게 직업을 물어볼 때는 What do you do?(무슨 일을 하세요?)라고 하거 나 '당신은 직업이 뭔가요?'라는 의미에서 What is your job?이라고 해도 됩니다.

A 문장을 듣고 따라 말해 보세요. 다시 듣고 빈칸을 채워 써 보세요.

I'm _____.

1
a pilot

2
a doctor

3
a fire fighter

4
a teacher

❶ I'm _____.

저는 조종사예요.

❷ I'm _____.

저는 의사예요.

❸ I'm _____.

저는 소방관이에요.

❹ I'm _____.

저는 선생님이에요.

B 문장을 바르게 따라 써 보세요.

Hello!

① 저는 조종사예요.

I'm a pilot.

② 저는 의사예요.

I'm a doctor.

③ 저는 소방관이에요.

I'm a fire fighter.

④ 저는 선생님이에요.

I'm a teacher.

C 우리말 뜻에 해당하는 영어 문장을 써 보세요.

① 저는 경찰관이에요.　　**a police officer**

→ _____

② 저는 과학자예요.　　**a scientist**

→ _____

③ 저는 우주 비행사예요.　　**an astronaut**

→ _____

Your Turn

저는 _____ .

42
Pattern

I'm from France.
저는 프랑스에서 왔어요.

자기가 어느 나라에서 왔는지 소개할 땐 I'm from ~. 패턴을 씁니다. from이 '~로부터'라는 뜻이기 때문이죠. 그래서 상대방이 어디 출신인지 물을 때는 Where are you from?이라고 하고, 위의 예문처럼 I'm from France.라고 대답합니다.

A 문장을 듣고 따라 말해 보세요. 다시 듣고 빈칸을 채워 써 보세요.

I'm from _____.

1	2	3	4
France	**Canada**	**Italy**	 **Australia**

1 I'm from _____.

저는 프랑스에서 왔어요.

2 I'm from _____.

저는 캐나다에서 왔어요.

3 I'm from _____.

저는 이탈리아에서 왔어요.

4 I'm from _____.

저는 호주에서 왔어요.

B 문장을 바르게 따라 써 보세요.

Good!

① 저는 프랑스에서 왔어요.

I'm from France.

② 저는 캐나다에서 왔어요.

I'm from Canada.

③ 저는 이탈리아에서 왔어요.

I'm from Italy.

④ 저는 호주에서 왔어요.

I'm from Australia.

C 우리말 뜻에 해당하는 영어 문장을 써 보세요.

① 저는 독일에서 왔어요.   **Germany**

→ _____

② 저는 아르헨티나에서 왔어요.   **Argentina**

→ _____

③ 저는 태국에서 왔어요.   **Thailand**

→ _____

저는 _____ 에서 왔어요.

43

Pattern

I like to cook.

저는 요리하는 것을 좋아해요.

I like chicken.(저는 치킨을 좋아해요.)처럼 I like 뒤에는 명사가 나오지만, I like to 뒤에는 동사가 나옵니다. I like to ~.는 '저는 ~하는 것을 좋아해요.'라고 해석하지요. 상대방에게 좋아하는 활동에 대해 물을 땐 What do you like to do?라고 합니다.

A 문장을 듣고 따라 말해 보세요. 다시 듣고 빈칸을 채워 써 보세요.

I like to _____ .

1	2	3	4
cook	**stay home**	**drive**	**walk**

① **I like to** _____ .

저는 요리하는 것을 좋아해요.

② **I like to** _____ .

저는 집에 머무는 것을 좋아해요.

③ **I like to** _____ .

저는 운전하는 것을 좋아해요.

④ **I like to** _____ .

저는 걷는 것을 좋아해요.

B 문장을 바르게 따라 써 보세요.

Hello!

1 저는 요리하는 것을 좋아해요.

I like to cook.

2 저는 집에 머무는 것을 좋아해요.

I like to stay home.

3 저는 운전하는 것을 좋아해요.

I like to drive.

4 저는 걷는 것을 좋아해요.

I like to walk.

C 우리말 뜻에 해당하는 영어 문장을 써 보세요.

1 저는 외출하는 것을 좋아해요.　　**go out**

→ _____

2 저는 여행하는 것을 좋아해요.　　**travel**

→ _____

3 저는 그림 그리는 것을 좋아해요.　　**paint**

→ _____

Your Turn

저는 _____ 것을 좋아해요.

44
Pattern

I want to be a nurse.
저는 간호사가 되고 싶어요.

여러분의 장래희망은 무엇인가요? I want to be ~.는 자기가 되고 싶은 것을 나타내는 패턴입니다. 상대방에게 뭐가 되고 싶은지 물을 땐 What do you want to be?라고 해요. 자기만의 멋진 꿈을 생각해서 이 패턴으로 말하는 연습을 해 보세요. Dreams come true!(꿈은 이루어집니다!)

A 문장을 듣고 따라 말해 보세요. 다시 듣고 빈칸을 채워 써 보세요.

I want to be _____.

1	2	3	4

a nurse	**a soldier**	**an engineer**	**a film director**

❶ **I want to be** _____.

저는 간호사가 되고 싶어요.

❷ **I want to be** _____.

저는 군인이 되고 싶어요.

❸ **I want to be** _____.

저는 엔지니어가 되고 싶어요.

❹ **I want to be** _____.

저는 영화감독이 되고 싶어요.

B 문장을 바르게 따라 써 보세요.

Good!

① 저는 간호사가 되고 싶어요.

I want to be a nurse.

② 저는 군인이 되고 싶어요.

I want to be a soldier.

③ 저는 엔지니어가 되고 싶어요.

I want to be an engineer.

④ 저는 영화감독이 되고 싶어요.

I want to be a film director.

C 우리말 뜻에 해당하는 영어 문장을 써 보세요.

① 저는 아나운서가 되고 싶어요.　　**an announcer**

→ _____

② 저는 디자이너가 되고 싶어요.　　**a designer**

→ _____

③ 저는 작가가 되고 싶어요.　　**a writer**

→ _____

 Your Turn

저는 _____ 이/가 되고 싶어요.

My favorite season is spring.

제가 좋아하는 계절은 봄이에요.

favorite은 '마음에 드는, 아주 좋아하는'이라는 뜻입니다. 그래서 favorite season이라고 하면 '좋아하는 계절'이라는 말이고, favorite subject라고 하면 '좋아하는 과목'이라는 뜻이죠. 상대방에게 좋아하는 계절/과목을 물어볼 땐 What is your favorite season/subject?라고 하면 됩니다.

A 문장을 듣고 따라 말해 보세요. 다시 듣고 빈칸을 채워 써 보세요.

My favorite _____ is _____.

1	2	3	4
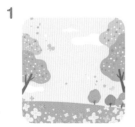			
season, spring	**season, summer**	**subject, Korean**	**subject, music**

① My favorite _____ is _____.

제가 좋아하는 계절은 봄이에요.

② My favorite _____ is _____.

제가 좋아하는 계절은 여름이에요.

③ My favorite _____ is _____.

제가 좋아하는 과목은 국어예요.

④ My favorite _____ is _____.

제가 좋아하는 과목은 음악이에요.

B 문장을 바르게 따라 써 보세요.

Hello!

1 제가 좋아하는 계절은 봄이에요.

My favorite season is spring.

2 제가 좋아하는 계절은 여름이에요.

My favorite season is summer.

3 제가 좋아하는 과목은 국어예요.

My favorite subject is Korean.

4 제가 좋아하는 과목은 음악이에요.

My favorite subject is music.

C 우리말 뜻에 해당하는 영어 문장을 써 보세요.

1 제가 좋아하는 계절은 가을이에요.　　**season, fall**

→ _____

2 제가 좋아하는 계절은 겨울이에요.　　**season, winter**

→ _____

3 제가 좋아하는 과목은 미술이에요.　　**subject, art**

→ _____

Your Turn

제가 좋아하는 _____ 은 _____.

A 그림을 보고 빈칸에 알맞은 알파벳을 넣어 영어 단어를 완성하세요.

❶

❷

❸

❹

❺

B [보기]에서 빈칸에 알맞은 단어를 골라 문장을 완성하세요.

보기

Australia   engineer   summer   walk   doctor

❶ 저는 엔지니어가 되고 싶어요.

I want to be an _____.

❷ 저는 의사예요.

I'm a _____.

❸ 제가 좋아하는 계절은 여름이에요.

My favorite season is _____.

❹ 저는 호주에서 왔어요.

I'm from _____.

❺ 저는 걷는 것을 좋아해요.

I like to _____.

C 그림을 보고 알맞은 문장에 연결하세요.

1 · · I'm a fire fighter.

2 · · I like to cook.

3 · · My favorite subject is music.

4 · · I want to be a nurse.

5 · · I'm from France.

D 단어의 순서를 바르게 배열해서 문장을 완성하세요.

1 from / I / am / Italy   저는 이탈리아에서 왔어요.

_____ ·

2 Korean / is / my / subject / favorite   제가 좋아하는 과목은 국어예요.

_____ ·

3 am / a / teacher / I   저는 선생님이에요.

_____ ·

4 be / a film director / I / want / to   저는 영화감독이 되고 싶어요.

_____ ·

5 like / I / home / to / stay   저는 집에 머무는 것을 좋아해요.

_____ ·

46
Pattern

I'm cleaning the room.
저는 방을 청소하고 있어요.

동사 끝에 ing를 붙이고 be동사와 함께 쓰면 '어떤 일을 하는 중'임을 나타내는 현재진행형이 됩니다. 내가 영어 공부를 하고 있다면 I'm studying English.인 거죠. 상대방이 무엇을 하고 있는지 물을 땐 What are you doing?이라고 합니다. 습관적으로 문장 끝에 now를 붙이기도 해요.

A 문장을 듣고 따라 말해 보세요. 다시 듣고 빈칸을 채워 써 보세요.

I'm _____ .

1	2	3	4
cleaning the room	washing the dishes	reading a book	watching TV

❶ I'm _____ .

저는 방을 청소하고 있어요.

❷ I'm _____ .

저는 설거지를 하고 있어요.

❸ I'm _____ .

저는 책을 읽고 있어요.

❹ I'm _____ .

저는 TV를 보고 있어요.

B 문장을 바르게 따라 써 보세요.

Good!

1 저는 방을 청소하고 있어요.

I'm cleaning the room.

2 저는 설거지를 하고 있어요.

I'm washing the dishes.

3 저는 책을 읽고 있어요.

I'm reading a book.

4 저는 TV를 보고 있어요.

I'm watching TV.

C 우리말 뜻에 해당하는 영어 문장을 써 보세요.

1 저는 손을 씻고 있어요.　　**washing my hands**

→ _____

2 저는 지금 운동을 하고 있어요.　　**working out now**

→ _____

3 저는 인터넷 검색을 하고 있어요.　　**surfing the Internet**

→ _____

저는 _____ 있어요.

47
Pattern

She is wearing blue pants.
그녀는 파란색 바지를 입고 있어요.

be동사 뒤에 wear에 ing를 붙인 wearing이 오면 '옷을 착용하고 있다'라는 '현재 상태'를 의미합니다. 참고로 wear는 '~을 입다/신다/착용하다'라는 뜻을 가지고 있기 때문에 옷뿐만이 아니라 신발, 모자 등과 함께 사용한다는 것도 알아 두세요.

A 문장을 듣고 따라 말해 보세요. 다시 듣고 빈칸을 채워 써 보세요.

She is wearing

.

| 1 | 2 | 3 | 4 |

blue pants   **a pink dress**   **a yellow jacket**   **green boots**

❶ **She is wearing** .

그녀는 파란색 바지를 입고 있어요.

❷ **She is wearing** .

그녀는 분홍색 드레스를 입고 있어요.

❸ **She is wearing** .

그녀는 노란색 재킷을 입고 있어요.

❹ **She is wearing** .

그녀는 녹색 부츠를 신고 있어요.

B 문장을 바르게 따라 써 보세요.

Hello!

① 그녀는 파란색 바지를 입고 있어요.

She is wearing blue pants.

② 그녀는 분홍색 드레스를 입고 있어요.

She is wearing a pink dress.

③ 그녀는 노란색 재킷을 입고 있어요.

She is wearing a yellow jacket.

④ 그녀는 녹색 부츠를 신고 있어요.

She is wearing green boots.

C 우리말 뜻에 해당하는 영어 문장을 써 보세요.

① 그녀는 분홍색 스웨터를 입고 있어요.　　**a pink sweater**

→ _____

② 그녀는 보라색 티셔츠를 입고 있어요.　　**a violet T-shirt**

→ _____

③ 그는 검은색 정장을 입고 있어요.　　**a black suit**

→ _____

 Your Turn

그녀는 _____ 있어요.

131

48 Pattern

I played with Jane yesterday.
저는 어제 제인과 함께 놀았어요.

영어에서는 동사의 과거형을 만들 때 동사 뒤에 ed를 붙이는 경우가 많습니다. 하지만 모든 동사의 과거형이 항상 이런 규칙에 의해 만들어지는 것은 아니에요. 불규칙하게 변하는 동사도 있습니다. 동사의 과거형에 대한 내용은 Learn More에서 자세히 알아봅시다.

A 문장을 듣고 따라 말해 보세요. 다시 듣고 빈칸을 채워 써 보세요.

I
_____ yesterday.

1	2	3	4

played with Jane	went to the museum	went for a walk	drew a picture

① I _____ yesterday.

저는 어제 제인과 함께 놀았어요.

② I _____ yesterday.

저는 어제 박물관에 갔어요.

③ I _____ yesterday.

저는 어제 산책을 했어요.

④ I _____ yesterday.

저는 어제 그림을 그렸어요.

B 문장을 바르게 따라 써 보세요.

Good!

① 저는 어제 제인과 함께 놀았어요.

I played with Jane yesterday.

② 저는 어제 박물관에 갔어요.

I went to the museum yesterday.

③ 저는 어제 산책을 했어요.

I went for a walk yesterday.

④ 저는 어제 그림을 그렸어요.

I drew a picture yesterday.

C 우리말 뜻에 해당하는 영어 문장을 써 보세요.

① 저는 어제 늦잠을 잤어요.　　**slept late**

→ _____

② 저는 어제 시험을 봤어요.　　**took the test**

→ _____

③ 저는 어제 선생님을 만났어요.　　**met the teacher**

→ _____

Your Turn

저는 어제 _____.

49
Pattern

I was sick.
저는 아팠어요.

영어의 be동사 am, are, is는 '~이다, ~(에) 있다' 등의 뜻을 나타냅니다. was는 am과 is의 과거형으로 '~였다, ~(에) 있었다'라고 해석해요. are의 과거형은 were라는 것도 알아둡시다. be동사는 주어와 함께 익히는 것이 좋아요.

A 문장을 듣고 따라 말해 보세요. 다시 듣고 빈칸을 채워 써 보세요.

I was _____ .

1	2	3	4

sick	angry	unhappy	scared

1 **I was** _____ .

저는 아팠어요.

2 **I was** _____ .

저는 화가 났었어요.

3 **I was** _____ .

저는 행복하지 않았어요.

4 **I was** _____ .

저는 두려웠어요.

B 문장을 바르게 따라 써 보세요.

Hello!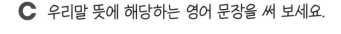

1 저는 아팠어요.

I was sick.

2 저는 화가 났었어요.

I was angry.

3 저는 행복하지 않았어요.

I was unhappy.

4 저는 두려웠어요.

I was scared.

C 우리말 뜻에 해당하는 영어 문장을 써 보세요.

1 저는 놀랐어요.   **surprised**

→ _____

2 저는 충격을 받았어요.   **shocked**

→ _____

3 저는 힘이 약했어요.   **weak**

→ _____

Your Turn

저는 _____.

How was your vacation?
당신의 방학은 어땠나요?

How was your ~?는 '당신의 ~는 어땠나요?'라는 뜻으로 상대방의 안부를 묻는 패턴입니다. 좋았다면 It was great.이라고 답하면 되고, 그저 그랬다면 It was so-so.라고 대답하면 되겠죠. 여러분의 지난 방학을 떠올리며 예문을 따라 읽어 보세요.

A 문장을 듣고 따라 말해 보세요. 다시 듣고 빈칸을 채워 써 보세요.

How was your _____ ?

1
vacation

2
trip

3
first class

4
camping

① How was your _____ ?

당신의 방학은 어땠나요?

② How was your _____ ?

당신의 여행은 어땠나요?

③ How was your _____ ?

당신의 첫 수업은 어땠나요?

④ How was your _____ ?

당신의 캠핑은 어땠나요?

B 문장을 바르게 따라 써 보세요.

Good!

① 당신의 방학은 어땠나요?

How was your vacation?

② 당신의 여행은 어땠나요?

How was your trip?

③ 당신의 첫 수업은 어땠나요?

How was your first class?

④ 당신의 캠핑은 어땠나요?

How was your camping?

C 우리말 뜻에 해당하는 영어 문장을 써 보세요.

① 당신의 여름 방학은 어땠나요?   **summer vacation**

→ _____

② 당신의 현장 학습은 어땠나요?   **field trip**

→ _____

③ 당신의 주말은 어땠나요?   **weekend**

→ _____

  Your Turn

당신의 _____ 은/는 어땠나요?

_____

A 그림을 보고 빈칸을 채워서 단어를 완성하세요.

① n_ _appy

② gr_ en bo_ _ts

③ r_ ading a boo_

④ dre_ _ a p_ cture

⑤ ca_ _pi_ g

B [보기]에서 빈칸에 알맞은 단어나 표현을 골라 문장을 완성하세요.

보기

went to the museum   watching TV   trip   angry   blue pants

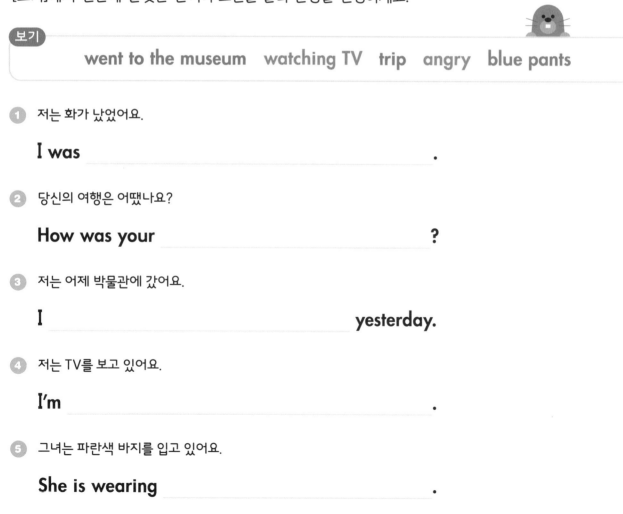

① 저는 화가 났었어요.

I was _____ .

② 당신의 여행은 어땠나요?

How was your _____ ?

③ 저는 어제 박물관에 갔어요.

I _____ yesterday.

④ 저는 TV를 보고 있어요.

I'm _____ .

⑤ 그녀는 파란색 바지를 입고 있어요.

She is wearing _____ .

C 그림을 보고 알맞은 문장에 연결하세요.

1 • • She is wearing a yellow jacket.

2 • • I'm cleaning the room.

3 • • I went for a walk yesterday.

4 • • How was your vacation?

5 • • I was sick.

D 단어의 순서를 바르게 배열해서 문장을 완성하세요.

1 scared / was / I   저는 두려웠어요.

_____ .

2 am / the dishes / I / washing   저는 설거지를 하고 있어요.

_____ .

3 played / Jane / yesterday / I / with   저는 어제 제인과 함께 놀았어요.

_____ .

4 first class / was / your / how   당신의 첫 수업은 어땠나요?

_____ ?

5 dress / a pink / is / wearing / she   그녀는 분홍색 드레스를 입고 있어요.

_____ .

동사의 과거형

🌸 동사의 규칙 변화

종류	규칙	현재	과거
대부분의 동사	끝에 ed를 붙여요	want 원하다	wanted
		help 돕다	helped
		ask 물어보다	asked
		look 보다	looked
e로 끝나는 동사	d를 붙여요	like 좋아하다	liked
		love 사랑하다	loved
		hope 희망하다	hoped
		dance 춤추다	danced
[자음+y]로 끝나는 동사	y를 i로 바꾸고 ed를 붙여요	study 공부하다	studied
		cry 울다	cried
		hurry 서두르다	hurried
[단모음+단자음]으로 끝나는 동사	마지막 자음을 한 번 더 쓰고 ed를 붙여요	stop 멈추다	stopped
		plan 계획하다	planned

⚙ 동사의 불규칙 변화

현재	과거	현재	과거
come 오다	came	go 가다	went
eat 먹다	ate	drink 마시다	drank
see 보다	saw	meet 만나다	met
say 말하다	said	do 하다	did
tell 말하다	told	draw 그리다	drew

Your Turn

밑줄 친 우리말 뜻에 맞게 제시된 동사를 과거형으로 바꿔 보세요.

1 나는 어제 엄마를 <u>도왔다</u>.

I help » _____ my mother yesterday.

2 나는 야구를 <u>좋아했다</u>.

I like » _____ baseball.

3 그는 열심히 <u>공부했다</u>.

He study » _____ hard.

4 그녀는 달리기를 <u>멈췄다</u>.

She stop » _____ running.

5 나는 제인을 <u>만났다</u>.

I meet » _____ Jane.

정답 1 helped 2 liked 3 studied 4 stopped 5 met

141

I have a cold.
저는 감기에 걸렸어요.

'감기에 걸리다'라고 할 때 영어에서는 '몸이 감기를 가지고 있다'라고 생각해요. 그래서 소유를 나타내는 동사 have를 활용해 I have a cold.라고 말합니다. 더불어 상대방에게 아프냐고 물어볼 때는 Are you feeling sick?이라고 해요.

A 문장을 듣고 따라 말해 보세요. 다시 듣고 빈칸을 채워 써 보세요.

I have _____.

1	2	3	4
a cold	a fever	a toothache	a headache

① I have _____.

저는 감기에 걸렸어요.

② I have _____.

저는 열이 있어요.

③ I have _____.

저는 치통이 있어요.

④ I have _____.

저는 두통이 있어요.

142

B 문장을 바르게 따라 써 보세요.

Hello!

① 저는 감기에 걸렸어요.

I have a cold.

② 저는 열이 있어요.

I have a fever.

③ 저는 치통이 있어요.

I have a toothache.

④ 저는 두통이 있어요.

I have a headache.

C 우리말 뜻에 해당하는 영어 문장을 써 보세요.

① 저는 독감에 걸렸어요.　　**the flu**

→ _____

② 저는 복통이 있어요.　　**a stomachache**

→ _____

③ 저는 콧물이 흘러요.　　**a runny nose**

→ _____

저는 _____.

143

52

Pattern

You should drink warm water.

당신은 따뜻한 물을 마셔야 해요.

should는 '~해야 한다'라는 뜻의 조동사로 누군가에게 조언을 하거나 어떤 것을 권유할 때 활용합니다. Why don't you drink warm water?라는 문장도 위의 예문과 비슷한 뜻이니 이 문장도 함께 기억해 둡시다.

A 문장을 듣고 따라 말해 보세요. 다시 듣고 빈칸을 채워 써 보세요.

You should

.

1

**drink warm
water**

2

go see a doctor

3

**take some
medicine**

4

get some rest

❶ **You should** _____.

당신은 따뜻한 물을 마셔야 해요.

❷ **You should** _____.

당신은 의사를 보러 가야 해요.

❸ **You should** _____.

당신은 약을 좀 먹어야 해요.

❹ **You should** _____.

당신은 휴식을 좀 취해야 해요.

B 문장을 바르게 따라 써 보세요.

Good!

1 당신은 따뜻한 물을 마셔야 해요.

You should drink warm water.

2 당신은 의사를 보러 가야 해요.

You should go see a doctor.

3 당신은 약을 좀 먹어야 해요.

You should take some medicine.

4 당신은 휴식을 좀 취해야 해요.

You should get some rest.

C 우리말 뜻에 해당하는 영어 문장을 써 보세요.

1 당신은 뭔가를 좀 먹어야 해요. **eat something**

→ _____

2 당신은 잠을 좀 자야 해요. **get some sleep**

→ _____

3 당신은 엄마 말을 잘 들어야 해요. **listen to your mom**

→ _____

당신은 _____ 해요.

53
Pattern

You have to do your homework.
당신은 숙제를 해야 해요.

조동사 have to는 '~해야 한다'라는 뜻입니다. should와 비슷한 뜻이지만 have to가 더 강한 의무를 나타냅니다. have to 대신에 must를 넣어 You must do your homework.라고 해도 같은 의미를 전달할 수 있어요. must 역시 강한 의무를 나타냅니다.

A 문장을 듣고 따라 말해 보세요. 다시 듣고 빈칸을 채워 써 보세요.

You have to

          .

1
do your homework

2
clean the classroom

3
exercise every day

4
eat evenly

① **You have to**   **.**

당신은 숙제를 해야 해요.

② **You have to**   **.**

당신은 교실을 청소해야 해요.

③ **You have to**   **.**

당신은 매일 운동해야 해요.

④ **You have to**   **.**

당신은 음식을 골고루 먹어야 해요.

B 문장을 바르게 따라 써 보세요.

Hello!

1 당신은 숙제를 해야 해요.

You have to do your homework.

2 당신은 교실을 청소해야 해요.

You have to clean the classroom.

3 당신은 매일 운동해야 해요.

You have to exercise every day.

4 당신은 음식을 골고루 먹어야 해요.

You have to eat evenly.

C 우리말 뜻에 해당하는 영어 문장을 써 보세요.

1 당신은 규칙을 따라야 해요.　　**obey the rules**

→ _____

2 당신은 열심히 공부해야 해요.　　**study hard**

→ _____

3 당신은 학원에 가야 해요.　　**go to the academy**

→ _____

 Your Turn

당신은 _____ 해요.

54 Pattern

I'd like fried rice.

저는 볶음밥으로 주세요.

I'd like ~.는 자기가 원하는 것을 말할 때 활용할 수 있는 패턴이에요. 앞에 나왔던 I want와 비슷한 뜻이지만 I'd like가 좀 더 예의를 갖춘 말이라고 할 수 있습니다. 이 패턴은 식당, 매표소, 쇼핑몰 등 아주 많은 곳에서 활용할 수 있어요.

A 문장을 듣고 따라 말해 보세요. 다시 듣고 빈칸을 채워 써 보세요.

I'd like _____ .

1 fried rice

2  a glass of soda

3  a window seat

4  the red one

① I'd like _____ .

저는 볶음밥으로 주세요.

② I'd like _____ .

저는 탄산음료 한 잔 주세요.

③ I'd like _____ .

저는 창가 자리로 주세요.

④ I'd like _____ .

저는 빨간 것으로 주세요.

B 문장을 바르게 따라 써 보세요.

Good!

① 저는 볶음밥으로 주세요.

I'd like fried rice.

② 저는 탄산음료 한 잔 주세요.

I'd like a glass of soda.

③ 저는 창가 자리로 주세요.

I'd like a window seat.

④ 저는 빨간 것으로 주세요.

I'd like the red one.

C 우리말 뜻에 해당하는 영어 문장을 써 보세요.

① 저는 오렌지 주스 한 잔 주세요.　　**a glass of orange juice**

→ _____

② 저는 복도 자리로 주세요.　　**an aisle seat**

→ _____

③ 저는 파란 것으로 주세요.　　**the blue one**

→ _____

Your Turn

저는 _____ 주세요.

55

Pattern

I will join a book club.
저는 책 동아리에 가입할 거예요.

will은 미래를 나타내는 조동사입니다. 한국어는 '했다(과거)−한다(현재)−할 것이다(미래)'처럼 말의 형태가 바뀌죠. 영어는 'did(과거)−do(현재)−will do(미래)'처럼 바뀝니다. 그래서 미래에 대한 일을 말할 때 will과 동사원형을 함께 씁니다.

A 문장을 듣고 따라 말해 보세요. 다시 듣고 빈칸을 채워 써 보세요.

I will _____ .

1	2	3	4

join a book club	go abroad	learn Chinese	practice the guitar

❶ I will _____ .

저는 책 동아리에 가입할 거예요.

❷ I will _____ .

저는 해외에 나갈 거예요.

❸ I will _____ .

저는 중국어를 배울 거예요.

❹ I will _____ .

저는 기타를 연습할 거예요.

B 문장을 바르게 따라 써 보세요.

Hello!

1 저는 책 동아리에 가입할 거예요.

I will join a book club.

2 저는 해외에 나갈 거예요.

I will go abroad.

3 저는 중국어를 배울 거예요.

I will learn Chinese.

4 저는 기타를 연습할 거예요.

I will practice the guitar.

C 우리말 뜻에 해당하는 영어 문장을 써 보세요.

1 저는 조부모님을 찾아뵐 거예요.　　**visit my grandparents**

→ _____

2 저는 회의에 참석할 거예요.　　**attend the meeting**

→ _____

3 저는 저녁 식사를 준비할 거예요.　　**prepare dinner**

→ _____

  Your Turn

저는 _____ 거예요.

A 그림을 보고 알맞은 것에 동그라미 쳐 보세요.

① doctor / medicine

② exercise / eat evenly

③ toothache / cold

④ go abroad / go to bed

⑤ aisle seat / window seat

B [보기]에서 빈칸에 알맞은 단어나 표현을 골라 문장을 완성하세요.

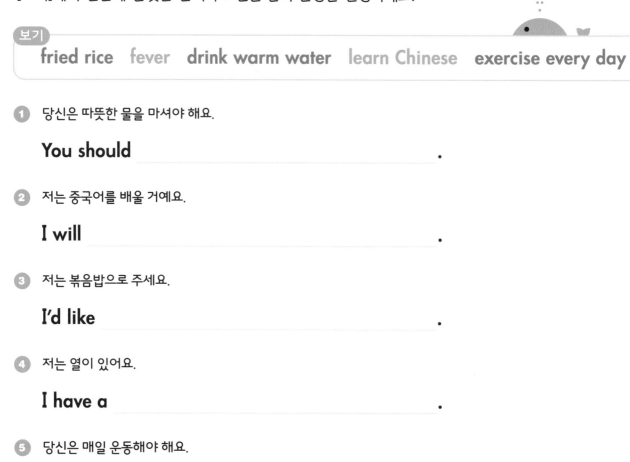

보기

fried rice   fever   drink warm water   learn Chinese   exercise every day

① 당신은 따뜻한 물을 마셔야 해요.

You should _____ .

② 저는 중국어를 배울 거예요.

I will _____ .

③ 저는 볶음밥으로 주세요.

I'd like _____ .

④ 저는 열이 있어요.

I have a _____ .

⑤ 당신은 매일 운동해야 해요.

You have to _____ .

C 그림을 보고 알맞은 문장에 연결하세요.

1 · · I have a headache.

2 · · I'd like a glass of soda.

3 · · I will join a book club.

4 · · You should go see a doctor.

5 · · You have to clean the classroom.

D 단어의 순서를 바르게 배열해서 문장을 완성하세요.

1 you / get / should / some / rest   당신은 휴식을 좀 취해야 해요.

_____ ·

2 I'd / red / one / like / the   저는 빨간 것으로 주세요.

_____ ·

3 will / I / the guitar / practice   저는 기타를 연습할 거예요.

_____ ·

4 have / I / cold / a   저는 감기에 걸렸어요.

_____ ·

5 your homework / do / have / to / you   당신은 숙제를 해야 해요.

_____ ·

56

Do you want to watch a movie?
당신은 영화를 보고 싶나요?

Do you want to ~?는 to 뒤에 나오는 내용을 하고 싶은지 묻는 패턴입니다. 이 질문에 대한 대답은 Yes/No로 하면 됩니다. 상대방에게 '무엇'을 하고 싶은지 물을 땐 what을 활용해서 What do you want to do?라고 하면 됩니다.

A 문장을 듣고 따라 말해 보세요. 다시 듣고 빈칸을 채워 써 보세요.

Do you want to

?

1

watch a movie

2

climb a mountain

3

listen to music

4

go fishing

① **Do you want to**   ?

당신은 영화를 보고 싶나요?

② **Do you want to**   ?

당신은 등산을 하고 싶나요?

③ **Do you want to**   ?

당신은 음악을 듣고 싶나요?

④ **Do you want to**   ?

당신은 낚시하러 가고 싶나요?

B 문장을 바르게 따라 써 보세요.

 Good!

① 당신은 영화를 보고 싶나요?

Do you want to watch a movie?

② 당신은 등산을 하고 싶나요?

Do you want to climb a mountain?

③ 당신은 음악을 듣고 싶나요?

Do you want to listen to music?

④ 당신은 낚시하러 가고 싶나요?

Do you want to go fishing?

C 우리말 뜻에 해당하는 영어 문장을 써 보세요.

① 당신은 쇼핑하러 가고 싶나요?   **go shopping**

→ _____

② 당신은 외식을 하고 싶나요?   **eat out**

→ _____

③ 당신은 우리와 함께 가고 싶나요?   **come with us**

→ _____

당신은 _____ 싶나요?

155

57
Pattern

When is your birthday?
당신의 생일은 언제인가요?

when은 '언제'라는 뜻으로, 시간이나 날짜를 물어볼 때 씁니다. 여기에 대한 대답은 It's ~.로 말하면 됩니다. 여러분은 자신의 생일을 영어로 말할 수 있나요? Learn More에서 월(月)과 일(日)에 대해 자세히 알아봅시다.

A 문장을 듣고 따라 말해 보세요. 다시 듣고 빈칸을 채워 써 보세요.

When is   ?

1 your birthday

2 your wedding

3 the graduation ceremony

4 our festival

① When is _____ ?

당신의 생일은 언제인가요?

② When is _____ ?

당신의 결혼식은 언제인가요?

③ When is _____ ?

졸업식은 언제인가요?

④ When is _____ ?

우리의 축제는 언제인가요?

156

B 문장을 바르게 따라 써 보세요.

Hello!

1 당신의 생일은 언제인가요?

When is your birthday?

2 당신의 결혼식은 언제인가요?

When is your wedding?

3 졸업식은 언제인가요?

When is the graduation ceremony?

4 우리의 축제는 언제인가요?

When is our festival?

C 우리말 뜻에 해당하는 영어 문장을 써 보세요.

1 당신의 오디션은 언제인가요?　　**your audition**

→ _____

2 당신의 인터뷰는 언제인가요?　　**your interview**

→ _____

3 입학식은 언제인가요?　　**the entrance ceremony**

→ _____

_____은/는 언제인가요?

58
Pattern

He is **stronger** than me.
그는 저보다 힘이 더 세요.

두 대상을 비교할 때는 형용사나 부사 끝에 er을 붙인 다음 그 뒤에 '~보다'라는 의미의 than을 씁니다. 참고로 모든 비교 표현이 형용사/부사에 er을 붙이는 것은 아니기 때문에 각 단어의 비교 표현을 그때그때 외우는 게 좋습니다.

A 문장을 듣고 따라 말해 보세요. 다시 듣고 빈칸을 채워 써 보세요.

He is _____ than me.

1	2	3	4

stronger	**taller**	**bigger**	**smaller**

1 He is _____ than me.

그는 저보다 힘이 더 세요.

2 He is _____ than me.

그는 저보다 키가 더 커요.

3 He is _____ than me.

그는 저보다 덩치가 더 커요.

4 He is _____ than me.

그는 저보다 덩치가 더 작아요.

B 문장을 바르게 따라 써 보세요.

Good!

1 그는 저보다 힘이 더 세요.

He is stronger than me.

2 그는 저보다 키가 더 커요.

He is taller than me.

3 그는 저보다 덩치가 더 커요.

He is bigger than me.

4 그는 저보다 덩치가 더 작아요.

He is smaller than me.

C 우리말 뜻에 해당하는 영어 문장을 써 보세요.

1 그는 저보다 더 빨라요.　　**faster**

→ _____

2 그는 저보다 더 느려요.　　**slower**

→ _____

3 그녀는 저보다 힘이 더 약해요.　　**weaker**

→ _____

그는 저보다 _____ .

59
Pattern

How can I get to the hospital?
제가 병원에 어떻게 갈 수 있을까요?

How can I get to 장소? 패턴은 어떤 장소에 가는 방법을 묻는 말입니다. 이 질문과 연결해서 길을 알려줄 때 자주 쓰는 문장인 Go straight.(앞으로 쭉 가세요.)나 Turn right/left.(오른쪽/왼쪽으로 도세요.)도 알아 두세요.

A 문장을 듣고 따라 말해 보세요. 다시 듣고 빈칸을 채워 써 보세요.

How can I get to
?

1

the hospital

2

the post office

3

the subway station

4

the fire station

❶ How can I get to _____ ?

제가 병원에 어떻게 갈 수 있을까요?

❷ How can I get to _____ ?

제가 우체국에 어떻게 갈 수 있을까요?

❸ How can I get to _____ ?

제가 지하철역에 어떻게 갈 수 있을까요?

❹ How can I get to _____ ?

제가 소방서에 어떻게 갈 수 있을까요?

B 문장을 바르게 따라 써 보세요.

Hello!

① 제가 병원에 어떻게 갈 수 있을까요?

How can I get to the hospital?

② 제가 우체국에 어떻게 갈 수 있을까요?

How can I get to the post office?

③ 제가 지하철역에 어떻게 갈 수 있을까요?

How can I get to the subway station?

④ 제가 소방서에 어떻게 갈 수 있을까요?

How can I get to the fire station?

C 우리말 뜻에 해당하는 영어 문장을 써 보세요.

① 제가 경찰서에 어떻게 갈 수 있을까요? **the police station**

→ _____

② 제가 그 식당에 어떻게 갈 수 있을까요? **the restaurant**

→ _____

③ 제가 도서관에 어떻게 갈 수 있을까요? **the library**

→ _____

제가 _____ 에 어떻게 갈 수 있을까요?

60
Pattern

Why are you late?
당신은 왜 늦었나요?

why는 '왜, 무슨 이유로'라는 뜻입니다. Why are you ~?라는 질문에는 because(왜냐하면)를 써서 대답하는 경우가 많습니다. 그래서 위의 질문에는 I'm late because I missed the bus.(제가 버스를 놓쳐서 늦었어요.)처럼 대답해요.

A 문장을 듣고 따라 말해 보세요. 다시 듣고 빈칸을 채워 써 보세요.

Why are you _____?

1	2	3	4

late	in a hurry	crying	nervous

1 Why are you _____?

당신은 왜 늦었나요?

2 Why are you _____?

당신은 왜 서두르나요?

3 Why are you _____?

당신은 왜 울고 있나요?

4 Why are you _____?

당신은 왜 긴장하고 있나요?

B 문장을 바르게 따라 써 보세요.

Good!

① 당신은 왜 늦었나요?

Why are you late?

② 당신은 왜 서두르나요?

Why are you in a hurry?

③ 당신은 왜 울고 있나요?

Why are you crying?

④ 당신은 왜 긴장하고 있나요?

Why are you nervous?

C 우리말 뜻에 해당하는 영어 문장을 써 보세요.

① 당신은 왜 그렇게 화가 났나요?   **so upset**

→

② 당신은 왜 웃고 있나요?   **laughing**

→

③ 당신은 왜 거짓말을 하나요?   **lying**

→

  Your Turn

당신은 왜 _____ ?

A 그림을 보고 빈칸에 알맞은 알파벳을 넣어 영어 단어를 완성하세요.

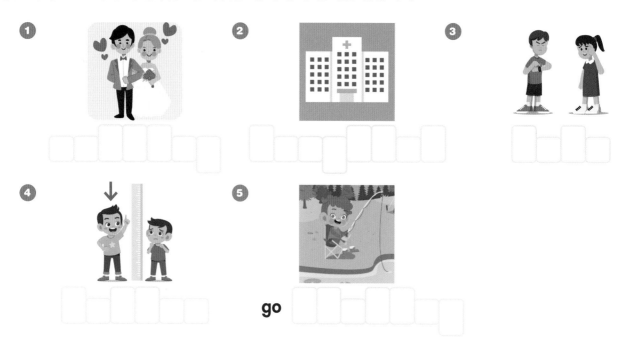

B [보기]에서 빈칸에 알맞은 단어나 표현을 골라 문장을 완성하세요.

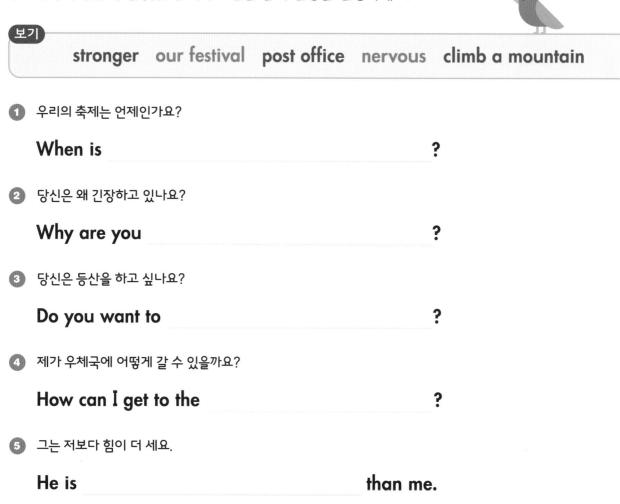

보기

stronger   our festival   post office   nervous   climb a mountain

1 우리의 축제는 언제인가요?

When is _____?

2 당신은 왜 긴장하고 있나요?

Why are you _____?

3 당신은 등산을 하고 싶나요?

Do you want to _____?

4 제가 우체국에 어떻게 갈 수 있을까요?

How can I get to the _____?

5 그는 저보다 힘이 더 세요.

He is _____ than me.

C 그림을 보고 알맞은 문장에 연결하세요.

1 •   • Do you want to watch a movie?

2 •   • How can I get to the subway station?

3 •   • When is your birthday?

4 •   • Why are you crying?

5 •   • He is bigger than me.

D 단어의 순서를 바르게 배열해서 문장을 완성하세요.

1 listen to / to / do / want / you / music   당신은 음악을 듣고 싶나요?

_____ ?

2 is / smaller / he / me / than   그는 저보다 덩치가 더 작아요.

_____ .

3 you / in / hurry / a / are / why   당신은 왜 서두르나요?

_____ ?

4 is / ceremony / the / when / graduation   졸업식은 언제인가요?

_____ ?

5 how / I / can / the fire station / get to   제가 소방서에 어떻게 갈 수 있을까요?

_____ ?

날짜 표현

🌸 월 months

JANUARY

1월

FEBRUARY

2월

MARCH

3월

APRIL

4월

MAY

5월

JUNE

6월

JULY

7월

AUGUST

8월

SEPTEMBER

9월

OCTOBER

10월

NOVEMBER

11월

DECEMBER

12월

✿ 일 days

1일 first (<u>1st</u>)	11일 eleventh (11th)	21일 twenty-first (<u>21st</u>)
2일 second (<u>2nd</u>)	12일 twelfth (12th)	22일 twenty-second (<u>22nd</u>)
3일 third (<u>3rd</u>)	13일 thirteenth (13th)	23일 twenty-third (<u>23rd</u>)
4일 fourth (4th)	14일 fourteenth (14th)	24일 twenty-fourth (24th)
5일 fifth (5th)	15일 fifteenth (15th)	25일 twenty-fifth (25th)
6일 sixth (6th)	16일 sixteenth (16th)	26일 twenty-sixth (26th)
7일 seventh (7th)	17일 seventeenth (17th)	27일 twenty-seventh (27th)
8일 eighth (8th)	18일 eighteenth (18th)	28일 twenty-eighth (28th)
9일 ninth (9th)	19일 nineteenth (19th)	29일 twenty-ninth (29th)
10일 tenth (10th)	20일 twentieth (20th)	30일 thirtieth (30th)
		31일 thirty-first (<u>31st</u>)

* <u>밑줄</u>로 표시된 글자는 불규칙한 경우입니다.

 Your Turn

위에 나온 내용과 우리말 해석을 보고 빈칸을 채워 보세요.

A **When is your birthday?**   당신의 생일은 언제인가요?

B **My birthday is on** _____ .

제 생일은 1월 2일이에요.

A **When is Jane's birthday?**   제인의 생일은 언제인가요?

B **Jane's birthday is on** _____ .

제인의 생일은 8월 30일이에요.

정답 January 2nd / August 30th

167

정답
풀이

01 저는 짜증이 나요.
I'm annoyed.

02 당신은 실망했나요?
Are you disappointed?

03 그녀는 저의 여자 조카예요.
She is my niece.

04 그는/그녀는 장난꾸러기예요.
He/She is naughty.

05 그들은 영리해요.
They are clever.

06 이것은 기린이에요.
This is a giraffe.

07 그것은 냉장고예요.
It's a refrigerator.

08 그것은 올빼미인가요?
Is it an owl?

09 까마귀를 보세요.
Look at the crow.

10 그것은 단단해요.
It's hard.

11 저는 서른 살이에요.
I'm thirty years old.

12 저는 고기를 좋아해요.
I like meat.

13 저는 고구마를 좋아하지 않아요.
I don't like sweet potatoes.

14 당신은 자두를 좋아하나요?
Do you like plums?

15 그는 피구를 좋아하지 않아요.
He doesn't like dodge ball.

16 저는 마스크를 가지고 있어요.
I have a mask.

17 저는 줄넘기를 가지고 있지 않아요.
I don't have a jump rope.

18 당신은 필통을 가지고 있나요?
Do you have a pencil case?

19 그녀의 팔은 강해요.
She has strong arms.

20 그에게 아이디어가 있나요?
Does he have any ideas?

21 저는 빨리 걸을 수 있어요.
I can walk fast.

22 저는 리코더를 연주할 수 없어요.
I can't play the recorder.

23 당신은 스케이트를 탈 수 있나요?
Can you skate?

24 제가 당신의 우산을 빌려도 될까요?
Can I borrow your umbrella?

25 눈을 뜨지 마세요.
Don't open your eyes.

26 같이 축구해요.
Let's play football.

27 쌀쌀한 날씨네요.
It's chilly.

28 12시 10분이에요.
It's twelve ten.

29 간식 먹을 시간이에요.
It's time for a snack.

30 당신은 몇 시에 운동을 하나요?
What time do you exercise?

31 이것은 당신의 목걸이인가요?
Is this your necklace?

32 이것은 누구의 도시락통인가요?
Whose lunch box is this?

33 제 장난감은 어디에 있나요?
Where is my toy?

34 그것은 책상 아래에 있어요.
It's under the desk.

35 멋진 프로그램이네요!
What a nice program!

36 저는 소스를 좀 먹고싶어요.
I want some sauce.

37 소금을 좀 드릴까요?
Do you want some salt?

38 당신은 얼마나 많은 연필을 가지고 있나요?
How many pencils do you have?

39 이 보석들은 얼마인가요?
How much are these jewels?

40 그것은 10억 원이에요.
It's one billion won.

41 저는 프로그래머예요.
I'm a programmer.

42 저는 브라질에서 왔어요.
I'm from Brazil.

43 저는 우표 모으는 것을 좋아해요.
I like to collect stamps.

44 저는 유명인이 되고 싶어요.
I want to be a celebrity.

45 제가 좋아하는 과목은 수학이에요.
My favorite subject is math.

46 저는 잔디를 깎고 있어요.
I'm mowing the lawn.

47 그녀는 갈색 코트를 입고 있어요.
She is wearing a brown coat.

48 저는 어제 옷을 좀 샀어요.
**I bought some clothes
yesterday.**

49 저는 너무 지쳤었죠.
I was exhausted.

50 당신의 수학여행은 어땠나요?
How was your school trip?

51 저는 기침을 해요.
I have a cough.

52 당신은 선생님 말씀을 들어야 해요..
**You should listen to the
teacher.**

53 당신은 안전벨트를 매야 해요.
**You have to fasten your
seat belts.**

54 저는 전망 좋은 방으로 주세요.
I'd like a room with a view.

55 저는 시장에 갈 거예요.
I will go to the market.

56 당신은 책을 대출하고 싶나요?
**Do you want to check out
a book?**

57 당신의 기말고사는 언제인가요?
When is your final exam?

58 그는 저보다 더 무거워요.
He is heavier than me.

59 제가 축구장에 어떻게 갈 수 있을까요?
**How can I get to the soccer
stadium?**

60 당신은 왜 그렇게 잘 잊어버리나요?
Why are you so forgetful?

A 그림을 보고 빈칸을 채워서 단어를 완성하세요.

❶ tall   ❷ sad   ❸ thirsty

❹ kind   ❺ grandmother

B [보기]에서 빈칸에 알맞은 단어를 골라 문장을 완성하세요.

보기   father   tired   humorous   okay   cute

❶ 그녀는 귀여워요.
   She is   cute   .

❷ 저는 괜찮아요.
   I'm   okay   .

❸ 그들은 유머러스해요.
   They are   humorous   .

❹ 당신은 피곤한가요?
   Are you   tired   ?

❺ 그분은 저의 아버지예요.
   He is my   father   .

C 그림을 보고 알맞은 문장에 연결하세요.

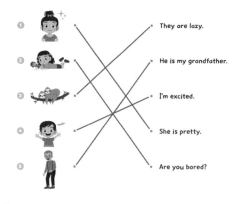

❶ • They are lazy.
❷ • He is my grandfather.
❸ • I'm excited.
❹ • She is pretty.
❺ • Are you bored?

D 단어의 순서를 바르게 배열해서 문장을 완성하세요.

❶ handsome / is / he   그는 잘생겼어요.
   He is handsome   .

❷ you / hungry / are   당신은 배고픈가요?
   Are you hungry   ?

❸ are / smart / they   그들은 똑똑해요.
   They are smart   .

❹ am / happy / I   저는 행복해요.
   I am happy   .

❺ is / she / mother / my   그분은 저의 어머니예요.
   She is my mother   .

A 그림을 보고 알맞은 것에 동그라미 쳐 보세요.

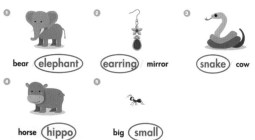

❶ bear (elephant)   ❷ (earring) mirror   ❸ (snake) cow

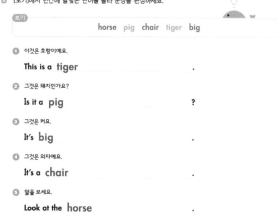

❹ horse (hippo)   ❺ big (small)

B [보기]에서 빈칸에 알맞은 단어를 골라 문장을 완성하세요.

보기   horse   pig   chair   tiger   big

❶ 이것은 호랑이예요.
   This is a   tiger   .

❷ 그것은 돼지인가요?
   Is it a   pig   ?

❸ 그것은 커요.
   It's   big   .

❹ 그것은 의자예요.
   It's a   chair   .

❺ 말을 보세요.
   Look at the   horse   .

C 그림을 보고 알맞은 문장에 연결하세요.

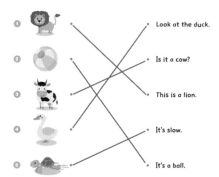

❶ • Look at the duck.
❷ • Is it a cow?
❸ • This is a lion.
❹ • It's slow.
❺ • It's a ball.

D 단어의 순서를 바르게 배열해서 문장을 완성하세요.

❶ fast / is / it   그것은 빨라요.
   It is fast   .

❷ is / an / eagle / it   그것은 독수리인가요?
   Is it an eagle   ?

❸ the / at / cat / look   고양이를 보세요.
   Look at the cat   .

❹ is / this / a / bear   이것은 곰이에요.
   This is a bear   .

❺ it / hat / a / is   그것은 모자예요.
   It Is a hat   .

170

Review 03 P. 48~49

A 그림을 보고 빈칸에 알맞은 알파벳을 넣어 영어 단어를 완성하세요.

① b r e a d   ② o r a n g e s   ③ n i n e

④ g o l f   ⑤ b e a n s

B [보기]에서 빈칸에 알맞은 단어를 골라 문장을 완성하세요.

[보기] eight pears bowling milk grapes

① 저는 배를 좋아하지 않아요.
I don't like pears .

② 저는 여덟 살이에요.
I'm eight years old.

③ 그는 볼링을 좋아하지 않아요.
He doesn't like bowling .

④ 당신은 포도를 좋아하나요?
Do you like grapes ?

⑤ 저는 우유를 좋아해요.
I like milk .

C 그림을 보고 알맞은 문장에 연결하세요.

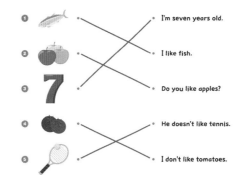

① — I like fish.
② — I don't like tomatoes.
③ — I'm seven years old.
④ — Do you like apples?
⑤ — He doesn't like tennis.

D 단어의 순서를 바르게 배열해서 문장을 완성하세요.

① like / do / watermelon / you 당신은 수박을 좋아하나요?
Do you like watermelon ?

② chicken / I / like 저는 치킨을 좋아해요.
I like chicken .

③ soccer / he / like / doesn't 그는 축구를 좋아하지 않아요.
He doesn't like soccer .

④ don't / pineapple / like / I 저는 파인애플을 좋아하지 않아요.
I don't like pineapple .

⑤ old / years / ten / I'm 저는 열 살이에요.
I'm ten years old .

Review 04 P. 60~61

A 그림을 보고 빈칸을 채워서 단어를 완성하세요.

① scissors   ② umbrella   ③ brown eyes

④ crayon   ⑤ many friends

B [보기]에서 빈칸에 알맞은 단어나 표현을 골라 문장을 완성하세요.

[보기] postcard palette blonde hair any sisters ruler

① 저는 팔레트를 가지고 있지 않아요.
I don't have a palette .

② 그에게 여자 형제가 있나요?
Does he have any sisters ?

③ 당신은 자를 가지고 있나요?
Do you have a ruler ?

④ 저는 엽서를 가지고 있어요.
I have a postcard .

⑤ 그녀의 머리카락은 금발이에요.
She has blonde hair .

C 그림을 보고 알맞은 문장에 연결하세요.

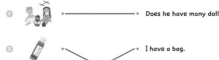

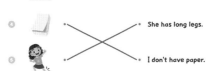

① — Does he have many dolls?
② — Do you have some glue?
③ — I have a bag.
④ — I don't have paper.
⑤ — She has long legs.

D 단어의 순서를 바르게 배열해서 문장을 완성하세요.

① don't / a / I / brush / have 저는 붓을 가지고 있지 않아요.
I don't have a brush .

② hair / she / short / has 그녀의 머리카락은 짧아요.
She has short hair .

③ I / a / notebook / have 저는 노트를 가지고 있어요.
I have a notebook .

④ he / does / brothers / any / have 그에게 남자 형제가 있나요?
Does he have any brothers ?

⑤ an / do / have / eraser / you 당신은 지우개를 가지고 있나요?
Do you have an eraser ?

171

Review 05   P.74~75

A 그림을 보고 알맞은 것에 동그라미 쳐 보세요.

① (jump) swim   ② (help) eat   ③ ball (diary)

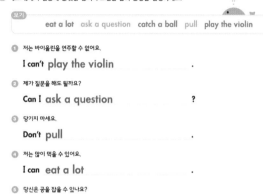

④ (run) push   ⑤ come in (drink this)

B [보기]에서 빈칸에 알맞은 단어나 표현을 골라 문장을 완성하세요.

> [보기]
> eat a lot   ask a question   catch a ball   pull   play the violin

① 저는 바이올린을 연주할 수 없어요.
I can't **play the violin** .

② 제가 질문을 해도 될까요?
Can I **ask a question** ?

③ 당기지 마세요.
Don't **pull** .

④ 저는 많이 먹을 수 있어요.
I can **eat a lot** .

⑤ 당신은 공을 잡을 수 있나요?
Can you **catch a ball** ?

C 그림을 보고 알맞은 문장에 연결하세요.

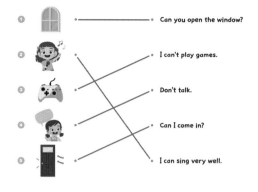

① ─── Can you open the window?
② • I can't play games.
③ • Don't talk.
④ • Can I come in?
⑤ • I can sing very well.

D 단어의 순서를 바르게 배열해서 문장을 완성하세요.

① speak / I / can't / English   저는 영어로 말할 수 없어요.
I can't speak English .

② your / I / can / pen / use   제가 당신의 펜을 사용해도 될까요?
Can I use your pen ?

③ see / can / I / it   저는 그것을 볼 수 있어요.
I can see it .

④ push / don't   밀지 마세요.
Don't push .

⑤ you / swim / can   당신은 수영할 수 있나요?
Can you swim ?

Review 06   P.86~87

A 그림을 보고 빈칸에 알맞은 알파벳을 넣어 영어 단어를 완성하세요.

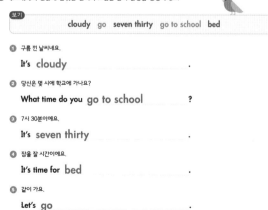

① r a i n y   ② s l e e p   ③ t e n o'clock

④ l u n c h   ⑤ b a d m i n t o n

B [보기]에서 빈칸에 알맞은 단어나 표현을 골라 문장을 완성하세요.

> [보기]
> cloudy   go   seven thirty   go to school   bed

① 구름 낀 날씨네요.
It's **cloudy** .

② 당신은 몇 시에 학교에 가나요?
What time do you **go to school** ?

③ 7시 30분이에요.
It's **seven thirty** .

④ 잠을 잘 시간이에요.
It's time for **bed** .

⑤ 같이 가요.
Let's **go** .

C 그림을 보고 알맞은 문장에 연결하세요.

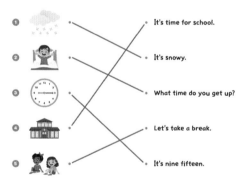

① • It's time for school.
② • It's snowy.
③ • What time do you get up?
④ • Let's take a break.
⑤ • It's nine fifteen.

D 단어의 순서를 바르게 배열해서 문장을 완성하세요.

① nine / it / o'clock / is   9시예요.
It is nine o'clock .

② is / sunny / it   맑은 날씨네요.
It is sunny .

③ do / get / what time / you / home   당신은 몇 시에 집에 오나요?
What time do you get home ?

④ play / let's / baseball   같이 야구해요.
Let's play baseball .

⑤ time / breakfast / is / for / it   아침 먹을 시간이에요.
It is time for breakfast .

A 그림을 보고 빈칸을 채워서 단어를 완성하세요.

① cellphone

② house

③ bicycle

④ shirt

⑤ on the box

B [보기]에서 빈칸에 알맞은 단어나 표현을 골라 문장을 완성하세요.

보기
textbook   wallet   next to the box   tree   coat

① 멋진 나무네요!
What a nice tree !

② 제 지갑은 어디에 있나요?
Where is my wallet ?

③ 이것은 당신의 코트인가요?
Is this your coat ?

④ 그것은 상자 옆에 있어요.
It's next to the box .

⑤ 이것은 누구의 교과서인가요?
Whose textbook is this?

C 그림을 보고 알맞은 문장에 연결하세요.

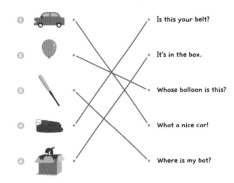

- Is this your belt?
- It's in the box.
- Whose balloon is this?
- What a nice car!
- Where is my bat?

D 단어의 순서를 바르게 배열해서 문장을 완성하세요.

① my   where   watch   is   제 시계는 어디에 있나요?
Where is my watch ?

② skirt   this   is   your   이것은 당신의 치마인가요?
Is this your skirt ?

③ a   what   day   nice   정말 좋은 날이네요!
What a nice day !

④ is   key   whose   this   이것은 누구의 열쇠인가요?
Whose key is this ?

⑤ it's   the   behind   box   그것은 상자 뒤에 있어요.
It's behind the box .

A 그림을 보고 알맞은 것에 동그라미 쳐 보세요.

① (pens) / caps
② cake / (chocolate)
③ (pizza) / soup
④ socks / (gloves)
⑤ hundred / (thousand)

B [보기]에서 빈칸에 알맞은 단어나 표현을 골라 문장을 완성하세요.

보기
candy   caps   socks   ice cream   one hundred

① 당신은 얼마나 많은 야구 모자를 가지고 있나요?
How many caps do you have?

② 아이스크림을 좀 드실래요?
Do you want some ice cream ?

③ 그것은 100원이에요.
It's one hundred won.

④ 저는 사탕을 먹고 싶어요.
I want some candy .

⑤ 이 양말은 얼마인가요?
How much are these socks ?

C 그림을 보고 알맞은 문장에 연결하세요.

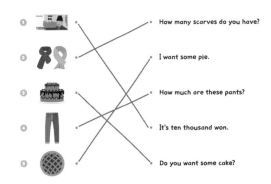

- How many scarves do you have?
- I want some pie.
- How much are these pants?
- It's ten thousand won.
- Do you want some cake?

D 단어의 순서를 바르게 배열해서 문장을 완성하세요.

① some   want   do   water   you   물을 좀 드실래요?
Do you want some water ?

② one   it's   won   thousand   hundred   그것은 십만 원이에요.
It's one hundred thousand won .

③ some   I   soup   want   저는 수프를 먹고 싶어요.
I want some soup .

④ books   have   you   do   how many   당신은 얼마나 많은 책을 가지고 있나요?
How many books do you have ?

⑤ these   are   shoes   how much   이 신발은 얼마인가요?
How much are these shoes ?

A 그림을 보고 빈칸에 알맞은 알파벳을 넣어 영어 단어를 완성하세요.

❶ d r i v e   ❷ s o l d i e r   ❸ p i l o t

❹ C a n a d a   ❺ s p r i n g

B [보기]에서 빈칸에 알맞은 단어를 골라 문장을 완성하세요.

보기: Australia   engineer   summer   walk   doctor

❶ 저는 엔지니어가 되고 싶어요.

I want to be an engineer .

❷ 저는 의사예요.

I'm a doctor .

❸ 제가 좋아하는 계절은 여름이에요.

My favorite season is summer .

❹ 저는 호주에서 왔어요.

I'm from Australia .

❺ 저는 걷는 것을 좋아해요.

I like to walk .

C 그림을 보고 알맞은 문장에 연결하세요.

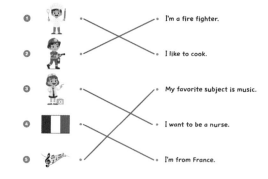

❶ • I'm a fire fighter.
❷ • I like to cook.
❸ • My favorite subject is music.
❹ • I want to be a nurse.
❺ • I'm from France.

D 단어의 순서를 바르게 배열해서 문장을 완성하세요.

❶ from I am Italy   저는 이탈리아에서 왔어요.

I am from Italy

❷ Korean is my subject favorite   제가 좋아하는 과목은 국어예요.

My favorite subject is Korean

❸ am a teacher I   저는 선생님이에요.

I am a teacher

❹ be a film director I want to   저는 영화감독이 되고 싶어요.

I want to be a film director

❺ like I home to stay   저는 집에 머무는 것을 좋아해요.

I like to stay home

A 그림을 보고 빈칸을 채워서 단어를 완성하세요.

❶ unhappy   ❷ green boots   ❸ reading a book

❹ drew a picture   ❺ camping

B [보기]에서 빈칸에 알맞은 단어나 표현을 골라 문장을 완성하세요.

보기: went to the museum   watching TV   trip   angry   blue pants

❶ 저는 화가 났었어요.

I was angry .

❷ 당신의 여행은 어땠나요?

How was your trip ?

❸ 저는 어제 박물관에 갔어요.

I went to the museum yesterday.

❹ 저는 TV를 보고 있어요.

I'm watching TV .

❺ 그녀는 파란색 바지를 입고 있어요.

She is wearing blue pants .

C 그림을 보고 알맞은 문장에 연결하세요.

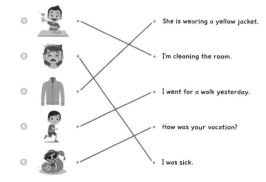

❶ • She is wearing a yellow jacket.
❷ • I'm cleaning the room.
❸ • I went for a walk yesterday.
❹ • How was your vacation?
❺ • I was sick.

D 단어의 순서를 바르게 배열해서 문장을 완성하세요.

❶ scared was I   저는 두려웠어요.

I was scared

❷ am the dishes I washing   저는 설거지를 하고 있어요.

I am washing the dishes

❸ played Jane yesterday I with   저는 어제 제인과 함께 놀았어요.

I played with Jane yesterday

❹ first class was your how   당신의 첫 수업은 어땠나요?

How was your first class ?

❺ dress a pink is wearing she   그녀는 분홍색 드레스를 입고 있어요.

She is wearing a pink dress

A 그림을 보고 알맞은 것에 동그라미 쳐 보세요.

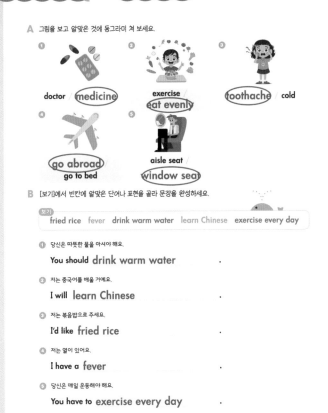

① doctor / (medicine)

② exercise / (eat evenly)

③ (toothache) / cold

④ (go abroad) / go to bed

⑤ (aisle seat) / (window seat)

B [보기]에서 빈칸에 알맞은 단어나 표현을 골라 문장을 완성하세요.

보기
fried rice　fever　drink warm water　learn Chinese　exercise every day

① 당신은 따뜻한 물을 마셔야 해요.

You should drink warm water .

② 저는 중국어를 배울 거예요.

I will learn Chinese .

③ 저는 볶음밥으로 주세요.

I'd like fried rice .

④ 저는 열이 있어요.

I have a fever .

⑤ 당신은 매일 운동해야 해요.

You have to exercise every day .

C 그림을 보고 알맞은 문장에 연결하세요.

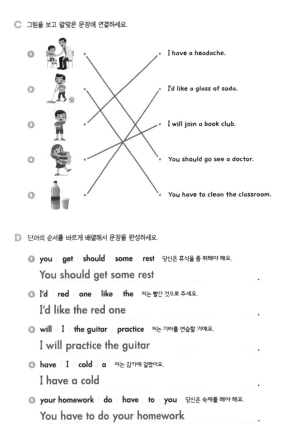

① — You should go see a doctor.
② — You have to clean the classroom.
③ — I will join a book club.
④ — I have a headache.
⑤ — I'd like a glass of soda.

D 단어의 순서를 바르게 배열해서 문장을 완성하세요.

① you / get / should / some / rest　당신은 휴식을 좀 취해야 해요.

You should get some rest .

② I'd / red / one / like / the　저는 빨간 것으로 주세요.

I'd like the red one .

③ will / I / the guitar / practice　저는 기타를 연습할 거예요.

I will practice the guitar .

④ have / I / cold / a　저는 감기에 걸렸어요.

I have a cold .

⑤ your homework / do / have / to / you　당신은 숙제를 해야 해요.

You have to do your homework

A 그림을 보고 빈칸에 알맞은 알파벳을 넣어 영어 단어를 완성하세요.

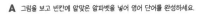

① w e d d i n g

② h o s p i t a l

③ l a t e

④ t a l l e r

⑤ go f i s h i n g

B [보기]에서 빈칸에 알맞은 단어나 표현을 골라 문장을 완성하세요.

보기
stronger　our festival　post office　nervous　climb a mountain

① 우리의 축제는 언제인가요?

When is our festival ?

② 당신은 왜 긴장하고 있나요?

Why are you nervous ?

③ 당신은 등산을 하고 싶나요?

Do you want to climb a mountain ?

④ 제가 우체국에 어떻게 갈 수 있을까요?

How can I get to the post office ?

⑤ 그는 저보다 힘이 더 세요.

He is stronger than me.

C 그림을 보고 알맞은 문장에 연결하세요.

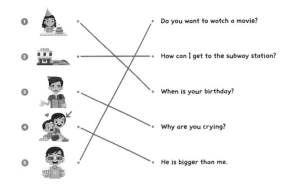

① — When is your birthday?
② — How can I get to the subway station?
③ — He is bigger than me.
④ — Do you want to watch a movie?
⑤ — Why are you crying?

D 단어의 순서를 바르게 배열해서 문장을 완성하세요.

① listen to / to / do / want / you / music　당신은 음악을 듣고 싶나요?

Do you want to listen to music ?

② is / smaller / he / me / than　그는 저보다 덩치가 더 작아요.

He is smaller than me .

③ you / in / hurry / a / are / why　당신은 왜 서두르나요?

Why are you in a hurry ?

④ is / ceremony / the / when / graduation　졸업식은 언제인가요?

When is the graduation ceremony ?

⑤ how / I / can / the fire station / get to　제가 소방서에 어떻게 갈 수 있을까요?

How can I get to the fire station ?